基本がわかる／実践できる

Basic Textbook for Logistics

物流（ロジスティクス）の基本教科書

図解
&
事例

中谷祐治
Yuji Nakatani

日本能率協会マネジメントセンター

はじめに

　あなたにとって物流やロジスティクスは、どんな位置づけですか？

　現在、物流業界はとても厳しい環境下にあります。これまでできていた物流が、従来どおりにはできなくなってしまう危機が、すぐそこまで来ています。

　ドライバー不足は深刻で、若手のなり手が少ない中で高齢化が進んでいます。また、通信販売の拡大や働き方改革も大きく影響しています。働き方改革は、そもそも長時間労働となっている現状を是正するということですから、他の業界と同じ環境となれば、ますます労働力不足が加速することが予測されます。

　今まであまり取りあげられることがなかった物流に注目が集まることは良いことですが、より良いものにするために変えていくべきことはまだまだ多いように思います。今まで物流は「縁の下の力持ち」のような位置付けで、企業の生産や販売を支え、確実に行なわれることで評価されてきました。ところが、その基礎の部分が大きく揺らいでいるのです。

　海外では、ロジスティクスの本家ともいえる軍隊がさまざまな研究を行っています。また、ロジスティクスを専門に学ぶ大学の学部や学科も多く、ここでもさまざまな研究がなされ、人材が輩出されています。そうした人材が、企業においてロジスティクスを担当したり、CLO（Chief Logistics Officer）と呼ばれるロジスティクス担当役員に任命されたりしています。この様に海外は、ロジスティクスに重きを置いていますが、日本では残念ながらこのような体制までできていないのが実情です。

　調達を含めた生産、販売、物流を最適化するロジスティクスは経営そのものです。そして、物流はその中心に位置します。そのような物流が「縁の下の力持ち」でないことは明白ですし、地位向上が必要なことはいうまでもありません。

　言い換えれば「ハーモニーを奏でるオーケストラには、その中心にスポットライトを浴びるコンダクターがいるように、企業において中心に

いるのはロジスティクスであり、物流である。」と言うことです。

＊

　本書はロジスティクスを学問として理解するのでなく、基本を押さえたうえで、明日からの業務に活用できるような、実務に則した内容としています。

　お読みいただく読者は、次のような方がたを想定して執筆しました。
・ロジスティクスや物流の部門に配置転換された中堅ビジネスパーソン（10年目）
・学生時代に若干学んだが、実務がわからず悩んでいる物流部門スタッフ

また、本書の構成は次のとおりです。
・基本　企業経営とロジスティクス（第1章）
・Plan　戦略立案／推進（第2章）、企画立案／推進（第3章）
・Do／Check　管理推進（第4章）
・Act　改善推進（第5章）、改善実務（第6章）
・動向　ロジスティクスが抱える課題とその解決策（第7章）

＊

　本書が、皆さまの実務に活用され、ひいては物流業界の地位向上に少しでもつながれば幸いです。

　最後に、今回の出版に当たりお世話になりました公益社団法人　日本ロジスティクスシステム協会・橋爪茂久専務理事、ロジ・ソリューション株式会社戦略コンサル事業部の皆さん、日本能率協会マネジメントセンター渡辺敏郎氏をはじめ、多くの方々にこの場を借りてお礼申しあげます。合わせて、執筆活動に協力してくれた妻と2人の子供たちにも感謝いたします。

　2020年3月

中谷　祐治

Contents

第 1 章　企業経営とロジスティクス

第 **2** 章　ロジスティクス戦略の立案と推進

第 **3** 章　物流企画の立案と推進

第 7 章 ロジスティクスが抱える課題とその解決策

第1章　企業経営とロジスティクス

1 物流とは

- ◆ 物流の定義は「物資を供給者から需要者へ、時間的及び空間的に移動する過程の活動。一般的には、包装、輸送、保管、荷役、流通加工及びそれらに関連する情報の諸機能を総合的に管理する活動。調達物流、生産物流、販売物流、回収物流（静脈物流）、消費者物流など、対象領域を特定して呼ぶこともある」である。

- ◆ 物流は6つの機能が複合的に活動している1つのシステムであり、その機能は、輸配送（輸送と配送）、保管、荷役（にやく）、包装、流通加工、（物流）情報システムである。

- ◆ 物流を生産から消費までの流れの中で分類すると、原料を調達し、商品を生産し、消費者に届ける物流には、調達物流・社内物流・販売物流があり、消費者などから商品が戻ってくる物流には、返品物流・回収物流・廃棄物流がある。

- ◆ 物流には、同時に向上できない「トレードオフ」の関係が多くあり、そのバランスをとって最適化する必要がある。

2 ロジスティクスとは

- ◆ ロジスティクスの定義は「物流の諸機能を高度化し、調達、生産、販売、回収などの分野を統合して、需要と供給との適正化を図るとともに顧客満足を向上させ、合わせて環境保全、安全対策などをはじめとした社会的課題への対応を目指す戦略的な経営管理」である。

- ◆ ロジスティクスは、物流のみならず生産、販売などさまざまな企業活動の全体の最適化を目指す考え方である。

- ◆ ロジスティクス活動には、戦略、企画、実行、管理の活動があり、すべてが高いレベルで実行できていることが求められている。

3 サプライチェーン・マネジメントとは

- ◆ サプライチェーン・マネジメント（SCM：Supply Chain Management）は、原料から最終消費者まで（＝サプライチェーン）のモノの流れを統合的に見直し、プロセス全体の効率化と最適化を実現するための経営管理手法（＝マネジメント）である。

- ◆ サプライチェーン・ロジスティクスは、SCMのモノの供給に関するプロセス連携の取組みのことである。

4 商流と物流

◆ 調達物流を企画する場合には、商品原価と物流費が分離されていないことが多いため、商流に対する考え方を整理してから進める必要がある。

5 自家物流とアウトソーシング

◆ 自家物流と営業物流を比較すると、一般的に営業物流の方が効率がよい。

◆ アウトソーシングの検討では、支払物流費と自社物流費を合わせて総合的に検討することが必要である。

6 ロジスティクス・物流に対する考え方の変化

◆ 1970年代は大量生産・広域販売の時代で、物流部が誕生し、物量を捌くこととコストダウンが主な業務であった。

◆ 1980年代後半になると、小口多頻度物流の時代となったが、物流はまだまだコストダウンの対象であった。

◆ 2010年代になると、労働力不足が深刻となり、これまでコストダウンの対象であった物流が、安定的に行われることが第一で、その上でできるだけコストアップを抑えるという考え方に変化した。

7 物流関連法規面の変化

◆ 1990年12月に「物流二法」が施行され、市場競争が激化した。

◆ 2017年7月に荷主勧告制度が新しくなり、実運送事業者の違反行為が主として荷主の行為に起因し、実運送事業者への処分のみでは再発防止が困難な場合、当該荷主名および事案の概要を公表することとなった。

◆ 2017年11月に標準貨物自動車運送約款が改正され、運送の対価としての「運賃」および運送以外の役務などの対価としての「料金」が明確にされた。

◆ 2018年12月に貨物自動車運送事業法が改正され、トラック運送業の健全な発達を図るため規制の適正化が行われた。

8 ロジスティクス・物流の位置づけ

◆ ロジスティクスは経営に直結しており、もっと重要視するべきである。

◆ 企業として効率を追求する一方、社会的責任を果たすことも求められており、社会的責任を果たせない企業には、今後厳しい評価がされていくことになる。

◆ 「ロジスティクスが経営そのもの」でその中心にあるのが「物流」という認識が必要である。

9 これからの経営の考え方

◆ 現在は、企業を取り巻くプレイヤーからの要求レベルが高くなり、その求められるスピードも早くなってきているため、自社だけでは適切に応えられなくなっている。

◆ これからは「パートナーとの協業という経営スタイルへの変革を行う」ことが必要である。

第2章　ロジスティクス戦略の立案と推進

1 ロジスティクス戦略

- ◆ ロジスティクス戦略は、企業の機能別戦略の中でもっとも重要なものである。
- ◆ ロジスティクスの担当者は、経営戦略立案の手法を理解し、活用することが必要である。
- ◆ ロジスティクス戦略のアクションプラン推進のためには、実行計画と組織整備が必要である。

2 中期計画と予算

- ◆ ロジスティクス戦略推進のためには、複数年度予算を立てて進める必要がある。

3 組織整備

- ◆ 物流部は、物流戦略立案推進の強化を行い、戦略・企画・管理がバランスよく行われている組織にすることが重要である。

4 アウトソーシング

- ◆ 物流子会社に物流業務を委託している場合は、取り巻く環境が変化しているため実力を再評価し、活用を検討すべきである。
- ◆ 物流のアウトソーシングの際は、委託方針を明確にして、委託先を選定し、良好な関係をつくる必要がある。

5 3PL の活用

- ◆ 3PL は今までの物流業務委託とはまったく異なる考え方であり、十分に理解し、活用を検討すべきである。
- ◆ 3PL 活用のためには、3PL と元請物流事業者や物流子会社の違いを理解することが必要である。
- ◆ 3PL 事業者への委託のねらいは、コスト削減、最適体制の維持と高度化、本業集中であり、物流からロジスティクスやサプライチェーン・マネジメントへ高度化するための一手段である。
- ◆ 3PL との長期に業務を継続できる体制構築のためには、企画改善力のある 3PL と、それらを実行に移せる荷主の覚悟が求められる。

第3章　物流企画の立案と推進

1　物流サービス

- ◆ 顧客満足度の向上のためには、顧客のニーズを把握して、物流サービスの設計を行うことが重要である。
- ◆ 物流サービスの設計は、8つの評価ポイントを切り口にして検討する。
- ◆ 物流ネットワークと在庫配置は、効率的な物流を実現するために重要である。
- ◆ より良い物流体制をつくりあげるためには、物流サービスの規格化、すなわち「業務基準」の作成が必要であり、荷主と物流事業者で協力して基準の運用を行う必要がある。
- ◆ サービスの規格化は、サービス内容と料金を明確にするだけでなく、改善にも活用できる。

2　物流ネットワーク

- ◆ 輸送を検討する場合、それぞれの手段の特徴を理解して行う。
- ◆ 輸送手段は、複数の手段をミックスした体制構築がリスク対策としても有効である。
- ◆ 配送の設計を行うときは、物量密集度の考え方を理解して検討していくことが有効である。
- ◆ 共同化は今後必ず検討課題としてあげていくべき重要なテーマである。
- ◆ 拠点立地は試算による立地候補をもとに、実行できるプランに落とし込んでいくことが重要である。
- ◆ 物流ネットワークの設計においては、シミュレーションを活用して、進むべき方向性の検討を進めることが効果的である。
- ◆ 新規拠点の設計の考え方は、既存の物流センターの改善や委託先の物流センターの評価にも使えるので、理解しておく。

3　在庫管理

- ◆ 在庫管理は、在庫という資産の管理と現品管理という2つの意味があり、企業経営に対するインパクトの点では資産の管理の方がより重要である。
- ◆ 在庫管理は企業経営においてとても重要であり、その考え方や仕組みを十分理解する必要がある。
- ◆ 在庫の分析手法はいろいろあるが、目的に合った手法を活用して分析する必要がある。
- ◆ 適正な在庫量を決定する要素は、出荷量の平均とバラツキ、在庫補充のリー

ドタイム、在庫補充の頻度、需要変動の4つである。

◆ サプライチェーン・マネジメントにおいては、リードタイムと在庫の特性を理解しておく必要がある。

◆ S&OPは、金額の視点から企業の本来の目的である事業計画達成の確度をあげようとするものである。

4 情報システム

◆ 企業の情報システムには、戦略・企画、計画・管理、実行の3つの層があり、物流に関するシステムもそれぞれの層にある。

◆ ERPで物流の機能を活用しようとする場合は、詳細の機能まで確認し、その運用についても十分検討したうえで導入する必要がある。

◆ 物流に関連する実行系のシステムは、自社で整備する範囲と事業者に委託する範囲を検討する必要がある。

5 物流業務委託先の見直し

◆ 物流コンペは、委託条件を整理して提案を依頼するもので、競争見積ではなく、実現可能な物流体制の提案競争と認識すべきである。

◆ 物流コンペによって委託先を選定する場合、大きく社内準備期間、提案依頼先絞込期間、パートナー選定期間の3つの期間が必要で、時間がかかることを理解して推進する。

◆ 物流コンペにおいて提案を評価する場合、評価表を準備して行い、会社間にも相性があるので社風の違いも考慮する。

◆ 委託先変更が成功したといえるのは、毎年業務を進化させながら契約が長く続き、最終的にパートナーシップを熟成できたときである。

◆ 契約書を業務に合わせて整備することが重要であり、契約の中に効率化が進む要素を入れることが重要である。

6 人材

◆ 物流においては、改革／改善推進力を持った人材育成を進めることが有効である。

◆ プレゼンテーション力は、提案を採用してもらったり、計画を実行に移したりするためには重要である。

◆ 資料作成力は、提案や説明などを効果的に進めて成果をあげるために重要である。

◆ 自社で不足するノウハウや工数を補完するために外部リソースを活用する場合は、自社が補いたいものについて明確にし、その形にあった支援をしてく

れる依頼先を選定する。

◆ 物流コンサルティングを依頼するときには、提案内容や実力、ルーツなどから、実現可能なプランがアウトプットできる、いわゆる「実行できるコンサルティング会社」かどうかを見極めることが重要である。

第4章　物流管理の推進

1 物流管理の考え方

- ◆ 物流管理は、管理対象（戦略、戦術、実務）ごとにサイクルを設定し、定期的に継続して行う必要がある。
- ◆ 物流オペレーションの管理は、すべてを均一に管理するのではなく、重点管理ポイントを決めることが必要である。
- ◆ 安全管理は優先して行い、リスクとなりうる要素を事前に抽出し、排除や軽減のための対策を講じる積極的な活動も重要である。
- ◆ 物流に関するデータは非常に多く、また多岐にわたるため整理して活用することが必要である。

2 KPI 管理

- ◆ KPI は、バランストスコアカードにある財務、顧客、業務プロセス、学習と成長の 4 つの視点で考えると、理解がしやすくなる。
- ◆ 重要成功要因（KFS：Key Factor for Success）は、戦略立案の中で抽出されており、それらをもとに KPI 体系を作成するのが近道である。
- ◆ KPI 管理では、KPI そのものとその管理方法の両面から改善を行い、管理レベルの向上を図る必要がある。
- ◆ 荷主と物流事業者は、共通の KPI を設定し、業務改善や高度化を進めることが重要である。
- ◆ 荷主が行う物流に関連した KPI 管理は、荷主の各業務プロセスと物流管理項目のマトリックスで考えていくことが有効である。

3 物流管理の手法

- ◆ 物流管理を進める手法としては、品質管理で使われる「QC 七つ道具」が有効である。

第5章　物流改善の推進

1　物流業務の棚卸

◆ 物流業務の全体を見直す「物流業務の棚卸（物流診断）」をすることが重要である。

◆ 物流業務の棚卸は、「現状把握」「改革／改善案の抽出」「改革／改善のシナリオ作成」の大きく3つのステップで進める。

◆ 物流業務の棚卸は、物流改善推進にとって遠回りではなく、近道であることを理解して進める。

2　物流改善の進め方

◆ 物流改善のためには、日常の管理が重要である。

◆ 現状把握の際に評価できるものはしておくと、以降の検討に有効である。

◆ 問題点の整理は注意深く行い、真の原因を把握することが重要である。

◆ 改革／改善案の抽出で重要なことは、制約事項や固定観念を取り払い、柔軟な発想をすることである。

◆ 改革／改善による効果期待値の試算は、明確な前提条件のもと効果の試算を行う。

◆ 改革／改善のシナリオ作成のコツは、推進順序やゴールが明確となっているストーリー性のある計画をつくることである。

3　物流改善活動の推進

◆ プロジェクトマネジメントは物流においても共通言語とすべきもので、計画推進には不可欠であり、その知識は理解しておく必要がある。

◆ 荷主と物流事業者における改善活動推進で重要なのは、より良い体制にするために一緒にパートナーとして本質の議論をし、答えを導く体制をつくることである。

◆ 物流の新体制をスタートさせるプロジェクトにおいては、リスクコントロールは重要なポイントである。

第6章　物流改善の実務

1 環境整備

- ◆ 5Sとは、整理・整頓・清掃・清潔・しつけのことで、目的は職場のムダを取り除き業務の効率をあげることである。
- ◆ 5S活動では、すべてを「見える化」することがポイントである。

2 輸配送

- ◆ 輸配送費は一般的に物流費の半分以上を占めているため、改善対象として重要なポイントである。
- ◆ 輸配送改善にもいろいろな方法があるため、十分検討して進めることが必要である。

3 荷役

- ◆ 改善に当たっては、インダストリアル・エンジニアリング（IE）の考え方を理解して、活用する。
- ◆ 荷役改善のための現状把握とその分析の基本は、取扱物量、投入工数、作業内容、稼働状況である。
- ◆ マテハンの合理化の原則は、安全、貨物、レイアウト、作業、工程、設備である。
- ◆ 荷役作業の中でも大きなウェイトを占めるのがピッキングであり、効率のよい作業を行うことが必要である。
- ◆ 省力化／自動化機器の導入では、業務内容、リードタイムなどの前提条件、機器の特性などを理解し、柔軟な発想で検討する。

4 保管

- ◆ 保管の改善では、保管効率と保管レイアウトの改善を考える。
- ◆ 保管効率の向上のポイントは、平面効率、空間効率、間口効率である。
- ◆ 保管レイアウトの改善は、荷役作業と合わせて検討する必要がある。

5 包装

- ◆ 包装には「個装」「内装」「外装」があり、物流の作業単位である「外装」に注目する。
- ◆ 個々の包装貨物ではなく、パレットやコンテナを利用して1つの塊をつくることをユニットロードといい、ユニットロード化で効率化を考える。

◆ これまでは商品に合わせた包装設計が中心だったが、現在は物流に合わせた包装設計が進んでいる。

6 情報システム

◆ 情報システムの開発では、目標とする姿を明確にし、ロードマップを整備して進めることが必要である。

7 国際物流

◆ 国際物流は国内物流と異なり、貿易という商流と密接に関連していること、国をまたぐため通関という業務が必要なこと、国や商品によって異なる関税がかかるということがポイントである。

◆ 取引条件を定めている「インコタームズ（Incoterms）」が、貿易条件のスタンダードとなっている。

◆ 国際物流でよく見受けられる問題点は、コスト、管理、組織、ネットワークである。

◆ 国際物流の改善にはいろいろな手法があるため、自社に合わせた検討を進める必要がある。

8 改善の進むしくみ

◆ 改善を進めるための施策として、自らが改善をするだけでなく、改善の進む仕組み（成果配分など）を取り入れることが必要である。

9 改善手法

◆ 改善手法（基本情報整理）
物流改善の現状把握では、物流フロー、業務フローを作成する。

◆ 改善手法（物流 ABC）
物流 ABC（Activity-Based Costing、活動基準原価計算）は、アクティビティごとの単価が試算できるが、注意点を考慮して活用する。

◆ 改善手法（インタビュー、アンケート）
改善ではインタビューやアンケートをもとに事実を知ることが重要である。

◆ 改善手法（観測）
ワークサンプリングと連続観測のどちらの観測方法を採用するかは観測目的によって異なるが、観測方法の特性を把握して方法を決定することが必要である。

◆ 改善手法（アイデア抽出）
物流改善のアイデア抽出で活用する際は、SCAMPER を使って考えるが、ム

ダな物流をしないことが改善の一番先に考えることである。

◆ 改善手法（QC 七つ道具）
物流管理を進める手法としては、品質管理で使われる「QC 七つ道具」が有効である。

◆ 改善手法（IE 七つ道具）
物流改善を進める上で IE の考え方を理解して、活用することが必要である。IE 七つ道具とは、工程分析、動作研究、時間研究、稼働分析、連合作業分析、ライン・バランス分析、マテリアル・ハンドリングのことである。

第7章 ロジスティクスが抱える課題とその解決策

1 人手不足への対応

- ◆ ドライバー不足は一過性のことではなく、今後も続くと考えられ、輸配送が思いどおりにできない時代の到来が危惧される。
- ◆ 電子商取引（EC）の増加と宅配便の生産性向上を阻害する環境は、ドライバー不足に大きな影響を与えている。
- ◆ 働き方改革により、自動車運転の業務は、2024年4月から時間外労働の上限が年960時間となる。他の職種と比べると5年の猶予期間があるが、その間に対策を講じないとさらに人手不足（ドライバー不足）が加速することになる。
- ◆ 各省庁もいろいろな施策を推進して、人手不足への対応を推進している。

2 企業評価の見方が変わることへの対応

- ◆ 環境に配慮したロジスティクスが求められる時代となっている。
- ◆ 災害が起こった場合でも、事業を速やかに復旧するための事業継続計画（BCP）の作成と体制づくりが求められている。
- ◆ いままで効率性や経済性の追求が中心であったが、リスクに備えることも企業に求められている。
- ◆ 持続可能な開発目標（SDGs：Sustainable Development Goals）とは、持続可能な社会をつくることを目指し、世界が抱える問題を17の目標と169のターゲットに整理したものである。
- ◆ 現在SDGsやESG（環境、社会、ガバナンス）への企業の取り組みに注目が集まっている。
- ◆ これからは、環境課題や社会課題の解決を通して収益を上げる、環境課題や社会課題に配慮していないと収益を上げられない、そんな時代が到来している。

3 強い物流への対応

- ◆ 2017年7月に総合物流施策大綱（2017年度〜2020年度）が閣議決定された。これは、政府における物流施策や物流行政の指針を示し、関係省庁が連携して総合的・一体的な物流施策の推進を図るためで、目指すは「強い物流」の実現である。
- ◆ 2016年1月に閣議決定された「第5期科学技術基本計画」において目指すべき未来社会の姿として「Society5.0」が提唱されている。Society 5.0は、

人とモノがつながり情報が共有化され、それらが分析され、必要な情報が提供されるような社会の実現である。

◆ 2018 年 10 月に一般社団法人経済団体連合会は、「Society 5.0 時代の物流」を発表し、物流は Society 5.0 が標榜する革新技術との親和性が高いこと、データ利活用による変革が最も期待される産業の 1 つで、重要な社会インフラストラクチャであるとしている。

◆ 今後の物流に求められるのは、物流ネットワークの持続可能性の確保と国内外における競争力強化とされており、総合物流施策大綱と同様に「強い物流」がキーワードとなっている。

◆ 「強い物流」のために活用できる先端技術が登場し、進化し続けているため、いつも情報へのアンテナをはり、どのように活用できるかについて考えることが必要である。

4 課題解決のために

◆ ロジスティクスが抱える課題は、人手不足への対応、企業評価の見方が変わることへの対応、強い物流への対応である。

◆ 課題の解決策は、今までと異なる発想をもとに新たなものを創造して行くイノベーション（innovation）が必要である。

◆ 時代の流れや技術革新のスピードが早い現在、現状の延長線上で将来を考えるのは有効ではなく、将来をもとに今後何をすべきかを考えることが必要で、フォーキャストだけではなくバックキャストすることも必要である。

◆ 時代の流れが速いからこそ、技術革新が急速に進んでいるからこそ、将来に向けていろいろ考えられる時代である。

◆ ロジスティクスは、将来が楽しみな時代にある。

第 **1** 章

企業経営とロジスティクス

　この章では、企業経営とロジスティクスについて、その定義や考え方を中心に取り上げます。物流はトレードオフの関係があり、そのバランスをとることが必要であること、ロジスティクスは全体最適をねらいとした戦略的なものであることなどについて取り上げます。また、「物流」は「縁の下の力持ち」ではなく、「ロジスティクスが経営そのもの」であり、その中心にあるのが「物流」という認識が必要であることを再認識します。

1 ›› 物流とは

◆ 定義

　物流は、日本産業規格（以下 JIS）で次のように定義されています。「物資を供給者から需要者へ、時間的及び空間的に移動する過程の活動。一般的には、包装、輸送、保管、荷役、流通加工及びそれらに関連する情報の諸機能を総合的に管理する活動。調達物流、生産物流、販売物流、回収物流（静脈物流）、消費者物流など、対象領域を特定して呼ぶこともある」。

　現在、物流という言葉は一般的ですが、1970 年代に欧米で使用されてきた「Physical distribution」の日本語訳「物的流通」が短縮された言葉です。また、これに対して「商流」とは「商的流通」が短縮された言葉です。

　「生産と消費の間にあるギャップを埋めて、商品を到達させる」役割を担うのが物流と商流です(図表 1-1)。ここでいうギャップとは「社会的・人格的ギャップ」「場所的・距離的ギャップ」「時間的ギャップ」の３つであり、物流は「場所的・距離的ギャップ」と「時間的ギャップ」を埋めて商品を到達させる活動を行っています。

◆ 6つの機能

　物流には６つの機能があり（図表 1-2）、JIS では次のように定義しています。

①輸配送（輸送と配送）

- 輸送：貨物をトラック、船舶、鉄道車両、航空機、その他の輸送機関によって、ある地点から他の地点へ移動させること
- 配送：貨物を物流拠点から荷受人へ送り届けること

②保管

物資を一定の場所において、品質、数量の保持など適正な管理のもと

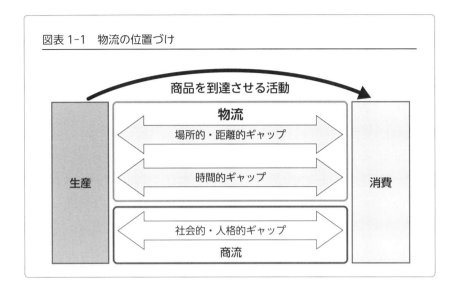

図表 1-1　物流の位置づけ

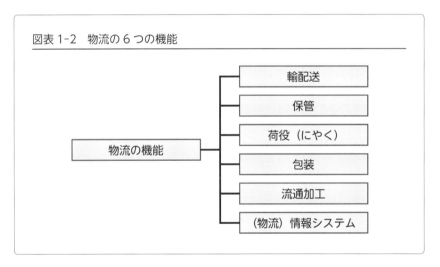

図表 1-2　物流の 6 つの機能

である期間蔵置すること。

③荷役（にやく）

　物流過程における物資の積卸し、運搬、積付け、ピッキング、仕分け、荷揃えなどの作業及びこれに付随する作業。マテリアルハンドリングともいう。

④包装

　物品の輸送、保管、取引、使用などに当たって、その価値及び状態を維持するために、適切な材料、容器などに物品を収納すること及びそれらを施す技術、又は施した状態。これを個装、内装及び外装の3種類に大別する。パッケージングともいう。

⑤流通加工

　流通過程の倉庫、物流センター、店舗などで商品に加工すること。生鮮食品又は繊維品の二次加工、小分け商品化包装、値札付け、鉄鋼・ガラスなど生産財の裁断、注文に対応する機器の組立て・組替え及び塗装替えなどをいう。

⑥（物流）情報システム

　物流を対象とした情報システム。このシステムには、物流の各機能を効率化、高度化するための機能分野、受発注から配送、保管から在庫、さらに調達及び回収の業務分野、これらに関連した計画・実施・評価の経営過程の分野、さらに、運輸業、倉庫業などの物流事業者と荷主との関連を含めた分野がある。

　物流は、これらの機能が単独で活動されるものではなく、複合的に活動されるので、1つのシステムとして考えることが必要です。

◆ 物流の分類

　物流を生産から消費までの流れの中で分類すると、人間の血液が流れる動脈と静脈になぞって、大きく動脈物流と静脈物流に区分けされます（図表1-3）。

①動脈物流

　原料を調達し、商品を生産し、消費者に届ける物流のことで、調達物流・社内物流・販売物流に分けられます。

　「調達物流」は、商品を生産するための原料や資材などを調達してくる物流です。日本では原料や資材を供給する側が物流を担当するのが一般的ですが、調達側からの効率化の工夫もいろいろと行われています。

　「社内物流」は、工場内での物流や、工場から消費地の物流拠点への

輸送と保管を指します。生産までを調達物流と合わせて製造物流、生産以降をすべて販売物流と呼ぶ場合もあります。

「販売物流」は、顧客に商品を届ける物流です。顧客に対するサービス基準に沿って必要なものを必要なタイミングで配送を行います。

②静脈物流

静脈物流は、消費者などからの返品や回収、廃棄として商品が戻ってくる物流のことです。

「返品物流」は、顧客から商品が返ってくる物流です。通信販売やアパレル商品で多く発生していますが、どのような商品でも返品の処理工数は出荷の数倍かかると言われており、効率的に行うことが求められます。

また「回収物流」は、商品のリコールなどで発生する物流とリサイクル・リユースなどを目的に行う物流です。

「廃棄物流」は廃棄物の物流のことで、産業廃棄物の処理や輸送については、資格のある事業者に委託しなければなりません。循環型持続的社会の実現のために、廃棄物の削減が求められています。

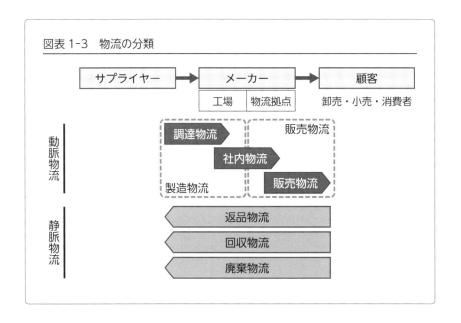

図表 1-3　物流の分類

◆ トレードオフ

　物流は6つの機能で構成されるシステムですが、それぞれの機能は同時に向上できない関係にある場合が多くあります。一方を向上させると他方が悪化する、俗にいう「あちら立てれば、こちらが立たぬ」という関係です。これを「トレードオフ」といい、物流ではこのような関係が発生することは少なくありません（図表1-4）。

　たとえば、配送コストを減らすためには、多くの物流拠点を設置し、顧客までの配送距離を減らすことが有効ですが、拠点が増加すれば拠点コストは増えてしまいます。このように、物流におけるトレードオフとなる関係を十分理解し、そのバランスをすることが物流の最適化には求められています。

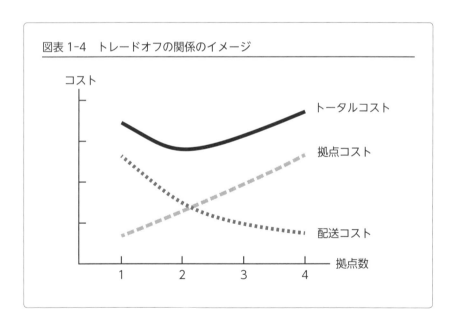

図表1-4　トレードオフの関係のイメージ

2 ›› ロジスティクスとは

◆ 定義

　ロジスティクスとは、もともと軍事戦略における物資や兵員を前線に供給するための基地の運営を意味する言葉で、日本語では「兵站（へいたん）」と呼ばれています。この考え方を企業経営における商品供給のマネジメントに応用したものが「ビジネス・ロジスティクス」といわれ、産業界においてロジスティクスと呼ばれるものです。JIS における定義は、「物流の諸機能を高度化し、調達、生産、販売、回収などの分野を統合して、需要と供給との適正化を図るとともに顧客満足を向上させ、合わせて環境保全、安全対策などをはじめとした社会的課題への対応を目指す戦略的な経営管理」となっています。

　ロジスティクスの目的とは、企業インフラや人的資源、技術などをもとに「購買および調達物流」「製造」「販売物流」「マーケティングおよび営業」「サービス」などの活動を相互に結びつけ、市場動向に対する

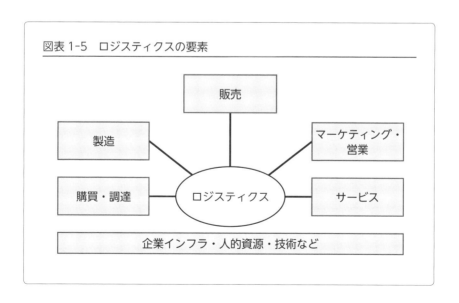

図表 1-5　ロジスティクスの要素

一貫したマネジメントを行うことです。言い換えると、ロジスティクスは「物流のみならず生産、販売などさまざまな企業活動の全体を最適化する」という大きな目的を持っており、企業経営における戦略的な意味合いがあります（図表 1-5）。

◆ ロジスティクス活動

　ロジスティクス活動には、「戦略」「企画」「実行」「管理／改善」の活動があります（図表 1-6）。

　「戦略」の活動には、中期計画策定、物流予算／投資計画策定、需給調整と在庫計画、物流委託政策立案、ロジスティクス関連組織整備、サプライチェーン最適化などがあります。戦略ですから、進むべき道を明確にする内容です。

　「企画」の活動には、ネットワーク設計、オペレーション設計、情報システムの整備、管理指標（KPI）体系設計、契約／支払設計、物流人材育成、物流技術の情報収集・研究開発・導入推進などがあります。この活動は、どのように実行していくかという計画立案に当たります。

　「実行」は、いわゆる物流業務のことで、物流の６つの機能の活動が含まれます。

　「管理／改善」の活動には、物流コスト管理、物流効率管理、委託事業者管理、物流合理化施策の推進管理などがあります。

　これらすべてが高いレベルで実行できればロジスティクスの強い企業といえますが、現実的にはなかなかすべてを高レベルに維持することは難しく、都度見直して強化することが必要です。

図表 1-6　ロジスティクス活動一覧表

区分	機能	業務概要	サイクル
戦略	中期計画策定	経営中期目標の達成のための物流中期計画策定 具体的な年次計画の策定	年次
	物流予算 / 投資計画策定	物流業務遂行のための全社費用の予算策定 投資計画の策定（戦略投資、改善投資、環境投資など）	年次 / 半期
	需給調整と在庫計画	販売動向、市場動向を加味した需給計画・在庫計画の立案	随時
	物流委託政策立案	委託基本方針の立案 委託先の選定、評価、変更	年次
	ロジスティクス 関連組織整備	ロジスティクスに関連する組織体制の整備 ミッションの明確化	年次
	サプライチェーン 最適化	サプライチェーン全体に対する戦略立案	年次
企画	ネットワーク設計	市場構造変化に伴う最適物流ネットワークの設計 / 維持 / 改善（輸配送網と拠点政策）	年次
	オペレーション設計	物流状況変化や新技術導入による最適体制維持（標準化、共同化などを含む）	随時
	情報システムの整備	効率的な物流情報・支援システムやインフラの継続的整備（新技術の取込、最適システム維持）	随時
	管理指標（KPI）体系 設計	SQCDPMER（第 4 章の図表 4-2 を参照）等の評価指標の設定	月次
	契約 / 支払設計	契約書類の管理 効率化推進要素を加味した料金体系導入	随時
	物流人材育成	スペシャリスト育成 物流現場での指導	随時
	物流技術の情報収集・ 研究開発・導入推進	物流技術の情報収集と技術活用方法の研究 実地導入推進	随時
実行	図表 1-2 に示す物流の 6 つの機能		随時
管理 / 改善	物流コスト管理	物流コストの分析・評価 市況料金レベルとの比較による契約料金レベル管理	月次
	物流効率管理	物流業務効率の管理 （物流各機能別、物的 / 費用的別効率）	月次
	委託事業者管理	コスト・安全・品質・サービスの定期的な評価と指導（定期的な安全大会等による指摘や表彰）	半期
	物流合理化施策の 推進管理	合理化施策のテーマアップ 実行状況及び結果評価	随時

3 » サプライチェーン・マネジメントとは

◆ 定義

　米国のサプライチェーンカウンシルによるサプライチェーン・マネジメント（Supply Chain Management：以下 SCM）の定義では、「価値提供活動の始めから終わりまで、つまり原材料の供給者から最終需要者に至る全過程の個々の業務プロセスを、1つのビジネスプロセスとしてとらえ直し、企業や組織の壁を越えてプロセスの全体最適化を継続的に行い、製品・サービスの顧客付加価値を高め、企業に高収益をもたらす戦略的な経営管理手法」とされています。

　サプライチェーンは「供給連鎖」と言われ、SCM は、原料から最終消費者まで（＝サプライチェーン）のモノの流れを統合的に見直し、プロセス全体の効率化と最適化を実現するための経営管理手法（＝マネジメント）です（図表 1-7）。開発、調達、製造、流通、販売といった各プロセス全体の効率化と最適化を実現することで、欠品防止による販売機会ロスの最小化、トータル在庫の削減、トータルリードタイムの短縮、全体業務効率化によるローコストオペレーションの実現、キャッシュフローの改善などを目指しています。

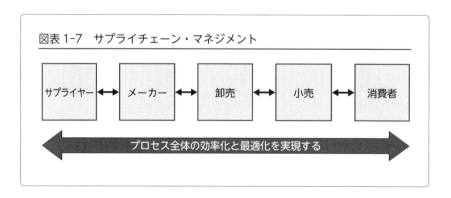

図表 1-7　サプライチェーン・マネジメント

| サプライヤー | ↔ | メーカー | ↔ | 卸売 | ↔ | 小売 | ↔ | 消費者 |

プロセス全体の効率化と最適化を実現する

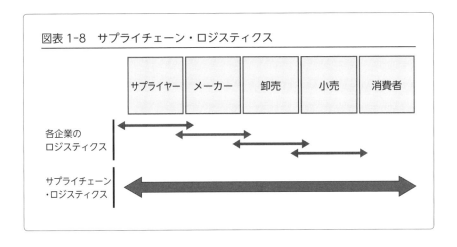

図表 1-8　サプライチェーン・ロジスティクス

サプライヤー　メーカー　卸売　小売　消費者

各企業の
ロジスティクス

サプライチェーン
・ロジスティクス

◆ サプライチェーン・ロジスティクス

　サプライチェーン・ロジスティクスは、SCM のモノの供給に関する
プロセス連携の取組みのことです。企業単体による取組みであるロジス
ティクスのみならず、複数企業間にまたがって、全体のロジスティクス
を最適化しようという考え方であり、その実現には関係する各企業のロ
ジスティクスすべてが高いレベルにあることが求められます（図表 1-8）。
　サプライチェーンというと長いチェーンでの実現をイメージしがちで
すが、現実は複数企業から着実に進めていくことが必要です。

4»» 商流と物流

　商流と物流は切っても切れない関係にあります。日本の場合、販売す
る側が輸配送を行い、運賃を負担することが一般的です。購入側にとっ
ては、物流費込みの商品代金となっていますが、これを分離することで
さまざまなことが見えてきます。

◆ 調達物流の効率化

通常、原料や資材は納品側が手配した便で納品されますが、これがトラック一車満載になれば効率的になります。購入側であるメーカーは自社の生産計画に基づいて原料や資材を購入しますが、事前に大枠の発注量を示し、納期に近づくにつれ正確な発注量を提示して、正式な発注は納品日の数日前に行うことで、効率的な納品を実現している事例もあります。

一方、小売がサプライヤーに発注するオーダーは、商品の販売状況によって納品数量が大きく変化するため、効率的に行うためには、日々の細かな対応が必要となります。

こうした状況を効率的にする方策の1つとして、調達側が納品側に引取りに行く仕組み（＝ミルクランシステム）があります（図表1-9）。その際に必ず、納品される商品の物流費がわからないという問題が出てきます。調達側が仕組みづくりのために納品側の物流費を問い合わせても、納品側は情報をなかなか開示してくれません。これは納品が引取りに変わると、その分の物流費値下げを要求されることが予想されるからです。調達側としては、物流費がわからなければ効果試算ができないため、計画を立案しにくくなります。

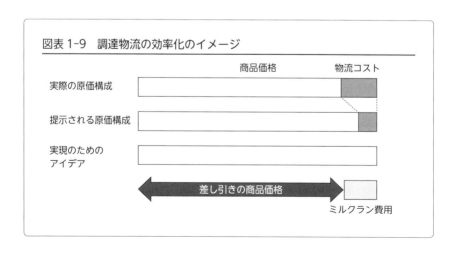

図表1-9　調達物流の効率化のイメージ

　この現象は、商品原価と物流費が分離されていないために起こること
です。

　こうした問題を回避するため、従来の商流には手を付けず、引取り便
の利用を納品側の選択制にする動きもあります。自社での納品と、引取
り便利用による利便性やコストを比較して、利用する便を決める方法で
す。この場合は引取り便の利用ごとに請求されるので、移行がしやすく
なります。

　しかしながら、この方法では別の問題が発生する場合もあります。そ
れは、引取り便の利用を納品側に任せるため、引取り便の効率が納品側
の依頼状況で変化することです。大量の物量で多くの車両が運行される
ならば、さほど差は問題になりませんが、物量が少ない場合はコストの
変化が顕著となり、引取り便の利用料の設定が難しくなります。したがっ
て、企画段階での十分な検討が必要です。

◆ 通信販売の配送料

　通信販売による商品の購入が急増するなか、「配送料無料」「一定額以
上購入で無料」という料金体系を多くの事業者が採用しています。消費
者としては、少しでも安いほうが良いのですが、物流業界の立場から考
えると少し違ってきます。実際には運賃がかかっているにもかかわらず、
消費者には「配送料は0円」といった印象を与えてしまっています。

　たとえば、10,000円で配送料無料（実際は500円）の商品ならば、「商
品代金10,000円＋配送料0円」ではなく、「商品代金9,500円＋配送料
500円」で10,000円とすべきです。こうすれば商品価格も配送料も比較
できるので、消費者は販売者を評価できます。

　通信販売で、商品の到着日に余裕がある場合は配送料を差し引くとい
う企業がありました。これは、とても良い試みです。すべての人がすぐ
に商品をほしいわけではないので、ニーズに合わせて配送料が変化する
のはとても合理的です（図表1-10）。

　同時に、このようなオーダーがあれば、物流センター側の波動が軽減
され、効率化が可能となります。たとえば、当日出荷、翌日出荷、3日

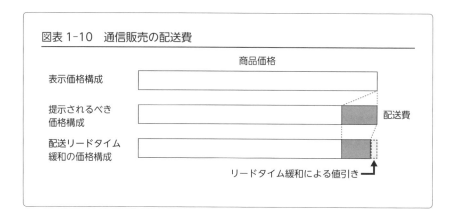

図表 1-10　通信販売の配送費

商品価格

表示価格構成

提示されるべき
価格構成

配送費

配送リードタイム
緩和の価格構成

リードタイム緩和による値引き

後でもよいというオーダーがあれば、物流センターはまず当日出荷オーダーの作業をして、残りの工数で翌日出荷分の作業をします。残った翌日出荷分のオーダーを、翌日は当日出荷分として作業し、残りの工数で翌日以降の出荷分の作業をします。これによって毎日の出荷作業が平準化され、より効率的に運用できるようになります。実際には日々のオーダーの変化がありますので、これにうまく対応する仕組みをつくればよいわけです。

　このように、さまざまな施策を検討・実現するためには、商品価格と物流費を分離して考えることが必要です。

5 ≫ 自家物流とアウトソーシング

　物流業界の市場規模は、営業物流が 25 兆円で、自家物流が同程度あると推計されています。一般に自家物流と営業物流を比較すると、営業物流の方が効率がよいとされています。

　従来は、営業担当者が営業と商品配送を同時に行う形がよくとられてきました。こうした自家物流は、自社の社員が物流業務を行うので品質が高く、他社と差別化できると思われていました。しかし、それに伴う非効率さを無視できなくなってきているのが現在の状況です。

　自家物流の営業物流への転換を検討する際によく話題となるのは、効率だけではなく、配送と営業活動を切り離すのが難しいという問題です。しかしながら自家物流では、営業スキルを持つ物流担当、物流スキルのある営業担当を多く育てていかなければならないので、これらを分離（商物分離）して、それぞれの効率が向上したほうが、トータルでよい結果を生むことになります。また、営業と物流を切り離しながらも自社で物流を行っている場合は、効率の良い営業物流利用を考えるべきです（図表1-11）。

　公益社団法人全日本トラック協会の資料によると、輸配送面では、トラック稼働効率の指標である「実働1日1車当たり輸送トンキロ」において、営業用トラックは自家用トラックのおよそ9〜10倍も輸送効率がよいとされています。配送効率は、配送エリアの広さ、配送件数、配送物量で決まりますが、同じエリアに配送するならば、自社のみの物量で配送するより、他社の物量と合わせた営業物流のほうが1軒当たりの走行距離が短縮されるので、効果的なのは明らかです。

　また、物流拠点や設備についても、自社で保有すれば固定費ですが、

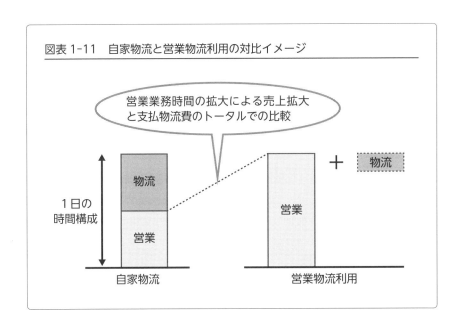

図表1-11　自家物流と営業物流利用の対比イメージ

営業業務時間の拡大による売上拡大と支払物流費のトータルでの比較

物流

1日の
時間構成

営業

自家物流

＋　物流

営業

営業物流利用

委託すると変動費化できます。この場合も、営業倉庫では他社の物流と合わせて運営されるので、変動にも効率的に対応できることになります。

営業物流へ転換すると支払い物流費が増加することになりますが、実際は自家物流費がかかっていますので、トータルで見ていく必要があります。また、アウトソーシングしたことによる工数削減分は、違った仕事をしてもらうよう、再生産を考慮する必要があります。

6 » ロジスティクス・物流に対する考え方の変化

現在のロジスティクスや物流の位置付けを考えるときには、これまで物流が辿ってきた道を理解しておく必要があります（図表1-12）。

◆ 「大量生産・広域販売」の時代

物流という言葉が使われ始めた1970年代は、大量生産・広域販売の時代であり、モノをつくれば売れるため、増え続ける物量をいかに効率的にさばくかという点がポイントでした。物流事業者は、「安全に」「確実に」そして「迅速に」指図された業務を行うことで評価された時代です。「物流事業者から提案がない」という声を荷主から聞きますが、こうした時代背景が物流事業者のいわゆる「受け身の経営体質」をつくりあげたと考えてよいでしょう。

図表1-12　ロジスティクス・物流に対する考え方の変化

	時代背景	基本的な考え方	コストに対する考え方
大量生産・広域販売	作れば売れる大量生産・広域販売	増加する物量を効率的に捌く	個別最適コストダウン
小口・多頻度化	小口化・多頻度化	高度化するニーズへの対応	全体最適コストダウン
労働力不足	労働力不足等により物流ができないリスク	安定供給体制を構築	他社との共同化コストアップ抑制

このような状況に対応するため、輸送や保管など機能別に管理していたものを、統合して管理しようと考えるようになりました。そのための組織として多くの企業が物流部門を設置しました。物流部誕生の時代です。この時代の物流部の主な業務は、増える物量をさばくこととコストダウンでした。

◆「小口・多頻度化」の時代

1980年代後半になると、市場にモノが行きわたり消費者の嗜好が多様化し、「つくれば売れる時代」から「必要なものしか買わない時代」となりました。少しでも多くの商品を販売しようと、多品種化が進みました。一方、多品種化しても在庫を増さないために、少量を多頻度で納入するようになりました。いわゆる小口・多頻度物流の時代です。

この物流を実現するには、従来以上に物流の諸機能を高度化し、調達、生産、販売、回収などの分野を統合していくことが必要で、需要と供給の適正化を図るロジスティクスの考え方が広まりました。しかしながら、この時代においても、物流はまだまだコストダウンの対象でした。

◆「労働力不足」の時代

2010年代になると、情報システムやネットワークの高度化・低廉化に伴い、ロジスティクスから範囲を企業間に広げることが容易になり、より広範囲なサプライチェーンでの効率化ができるようになりました。

しかし、一方で労働力不足が深刻となり、思いどおりに物流ができない時代が現実のものとなってきました。従来急なオーダーが入っても、通常より高い料金を支払えば物流委託が可能でしたが、労働力不足により物流ができない時代が到来したのです。

こうした状況から物流費は高騰し、今までコストダウンの対象であった物流は、安定化を第一に、その上でできるだけコストアップを抑えるという考え方に変化してきました。物流に対して大きな考え方の変化が起こった時代です。

現在、技術革新が大きく進んでいますが、物流業界でも同様の動きが

あります。物流業務に活用できるロボットなどのハードウェアや業務を支えるソフトウェアの技術革新が進行し、導入が進みつつあります。

時代の変遷とともに物流やロジスティクスに対する考え方やあり方の変化について十分に理解し、今後の環境変化に対応していくことが求められています。

7 ›› 物流関連法規面の変化

現在のロジスティクスや物流の位置付けを考える際には、取り巻く環境に合わせて、法規面の考え方の変化についても理解しておく必要があります。

◆ 規制緩和

1990年12月に「物流二法」が施行されましたが、「物流二法」とは「貨物自動車運送事業法」と「貨物運送取扱事業法」のことを指しています。

貨物自動車運送事業法は、道路運送法からトラック事業規制を独立させ、従来の免許制を許可制に切り換えました。さらに、路線トラック（現在の特別積合わせ）と区域トラック事業の免許区別を廃止し、運賃は従来の認可制から事前届け出制に改められました。

また、貨物運送取扱事業法は、通運事業法を廃止して、複合一貫輸送に対応した法律として制定されました。

さらに2003年4月には、経済的規制の緩和として、営業区域（貨物自動車運送事業者の営業可能区域を一定の範囲に限定する制度）の廃止や、運賃料金事前届出・変更命令制度の廃止が行われました。また、社会的規制として、元請事業者が支配力を背景として行う下請事業者に対する違法行為の強要の禁止などが行われました。

これらの規制緩和により、新規参入が多数あり、ピークとなる2007年度には6万3千社を超える事業者数となり、以降も横ばいで推移し、市場競争が激化しました。

◆ 規制の適正化

2018年12月に貨物自動車運送事業法が改正されましたが、その目的は、トラック運送業の健全な発達を図るため規制の適正化を図ることとされています。2019年4月施行の「働き方関連改革法」で2024年度から時間外労働の限度時間が設定されたため、これによるドライバー不足によって物流が滞ることのないよう、運転者の労働条件を改善するねらいがあります。

このなかでは、対価を伴わない役務の発生を防ぐために「標準貨物自動車運送約款」による基準の明確化、荷主の理解・協力のもとで働き方改革・法令遵守を進めるための「荷主の配慮義務」「荷主勧告制度」などが盛り込まれています。

◆ 標準貨物自動車運送約款の改正

従来の物流業務の依頼に際しては、「運送業務に明確な契約書がない」「簡単な見積りだけで業務を行う」「業務完了後に料金を決定する」というように、業務を請け負う前にサービス内容と料金が明確化されていない場合が存在しました。こうした場合、何かイレギュラーなことが起こったときには双方の調整が必要でした。

このような不適正取引の発生を抑え、業界全体の底上げにつなげていくため、2014年1月に「トラック運送業における書面化推進ガイドライン」が制定されました（2017年8月改訂）。これは、運送契約に際して、運送業務、附帯業務、運賃、料金などについての重要事項について、荷主、元請事業者、貨物利用運送事業者とトラック運送事業者の間で書面により共有することをルール化（「書面化」）するためのガイドラインとなっています（図表1-13）。

契約で取り決める内容も、提供されるサービスに対しての適正な対価でなければなりません。

そこで、2017年11月に標準貨物自動車運送約款が改正されました。そのねらいは、運送の対価としての「運賃」及び運送以外の役務などの

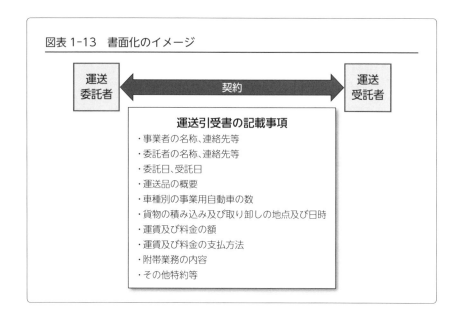

図表1-13　書面化のイメージ

運送委託者　←　契約　→　運送受託者

運送引受書の記載事項
・事業者の名称、連絡先等
・委託者の名称、連絡先等
・委託日、受託日
・運送品の概要
・車種別の事業用自動車の数
・貨物の積み込み及び取り卸しの地点及び日時
・運賃及び料金の額
・運賃及び料金の支払方法
・附帯業務の内容
・その他特約等

対価としての「料金」を適正に収受できる環境を整備することです。

　具体的には、料金として積込み・取卸しに対する対価を「積込料」「取卸料」とし、荷待ちに対する対価を「待機時間料」と規定し、付帯業務の内容として「横持ち」などについても明確化しました。

　たとえば、これまで積込・取卸、待機などにかかる時間や手間は運賃に反映されていませんでした。今回の改正では、運送の対価と運送以外のサービスの対価を区分して、運送以外のサービスについて対価を収受できるように明確にされたのです。

◆ 荷主勧告制度

　厚生労働大臣が定めた運送業務に携わるドライバーの労働時間に関するルール「改善基準告示」があります。

　現実には、待ち時間や荷役時間の長時間化などにより、労働時間が長くなってしまう場合が発生しています。標準運送約款の改訂で料金が明確に収受できるようになったとしても、労働力不足の環境下では、そもそもそのムダな時間を削減していく必要があります。

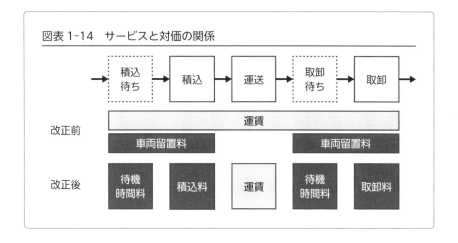

図表 1-14　サービスと対価の関係

| 改正前 | | | | | |
| 改正後 | | | | | |

（図表本文の流れ）

　こうしたことが起こらないように、2017年7月に荷主勧告制度が新しくなりました（図表1-14）。荷主勧告とは、実運送事業者の違反行為が「主として荷主の行為に起因するものであり、かつ実運送事業者への処分のみでは再発防止が困難である」と認められる場合に発動されるものです。そして、荷主勧告が発動された場合、その荷主名と事案の概要を公表することとなっています（2019年7月に改訂）（図表1-15、16）。

　これは、適正な物流環境の整備やコンプライアンスの遵守のためには、荷主側の協力なくして成立しないことを意味しています。

8 » ロジスティクス・物流の位置付け

　企業には「事業価値を高める」ことと「社会的責任を果たす」ことが求められています。この内容を理解することでロジスティクスや物流が重要な位置付けにあることがわかりますが、経営者がその重要性を認識することが必要です。また、十分な理解が得られていない場合は、その啓発活動を行うことが必要です。

図表 1-15　改善基準告示（抜粋）

拘束時間 （始業から就業までの時間）	1日	原則 13 時間 最大 16 時間（15 時間超えは 1 週 2 回以内）	
	1か月	293 時間以内	
休息期間 （勤務と次の勤務の間の自由な時間）	継続 8 時間以上		
運転時間	2 日平均で	1 日あたり	9 時間
	2 週平均で	1 週間あたり	44 時間
連続運転時間	4 時間以内		

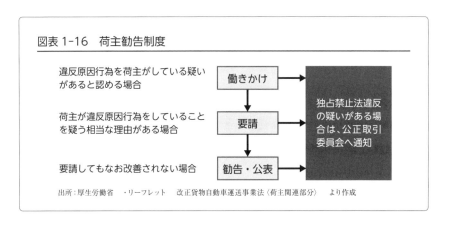

図表 1-16　荷主勧告制度

違反原因行為を荷主がしている疑いがあると認める場合 → 働きかけ

荷主が違反原因行為をしていることを疑う相当な理由がある場合 → 要請

要請してもなお改善されない場合 → 勧告・公表

独占禁止法違反の疑いがある場合は、公正取引委員会へ通知

出所：厚生労働省　・リーフレット　改正貨物自動車運送事業法〈荷主関連部分〉　より作成

◆ 事業価値を高める

　事業価値を高めるには、事業ポートフォリオの見直しや効率的事業運営（売上拡大、コスト構造改革）が求められます。この効率的事業運営のためは、物流やロジスティクスに関連したテーマが数多くあります。

　たとえば、効率的な事業運営のためには、「商物一体体制から商物分離体制への転換」「自家物流の営業物流への転換」「物流からロジスティクスへの視点を変えた活動」「ロジスティクスからサプライチェーン・ロジスティクスへの拡大」などのテーマがあります。

　また、資産効率を高めるためには、「物流資産の保有から売却」「他社資産の活用」「在庫配置の見直しによる在庫量削減」などがあります。

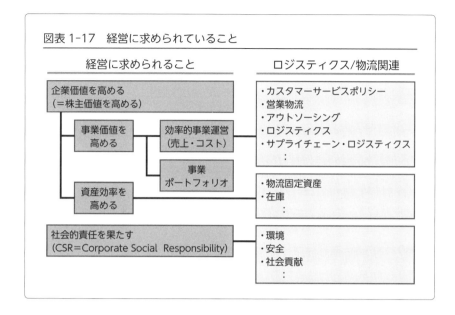

図表 1-17　経営に求められていること

経営に求められること	ロジスティクス/物流関連

企業価値を高める
（＝株主価値を高める）

事業価値を高める

効率的事業運営
（売上・コスト）

事業ポートフォリオ

資産効率を高める

社会的責任を果たす
(CSR＝Corporate Social Responsibility)

・カスタマーサービスポリシー
・営業物流
・アウトソーシング
・ロジスティクス
・サプライチェーン・ロジスティクス
　：

・物流固定資産
・在庫
　：

・環境
・安全
・社会貢献
　：

以前物流子会社の売却がブームになったことがありますが、それも1つの方法です。

　これら以外にもテーマは数多くあり、いかにロジスティクスが経営に直結しているかがわかります。企業は、もっとロジスティクス面にスポットを当てるべきなのです（図表1-17）。

◆ 社会的責任を果たす

　企業として効率を追求する一方、社会的責任を果たすことも求められています。「持続可能な社会」は全世界のテーマであり、社会的責任を果たせない企業には今後さらに厳しい評価がされていくことになります。とくに物流は公共の道路、海、空などを利用するものであり、安全、環境、社会貢献などがとくに必要です。

　安全はすべてに優先し、事故ゼロが求められますが、そのためにはしっかりとしたマネジメントシステムの確立と教育実践体制の整備などが必要です。環境では、モーダルシフトなどのグリーン物流の推進、太陽光パネル設置などによる代替エネルギーの利用、LED照明や低公害車な

どの環境負荷低減設備の積極的導入などがあります。また、社会貢献では、交通安全教室など地域への貢献やさまざまなボランティア活動参加などがあります。さらにこれら以外にも、物流面から社会貢献を果たすテーマが数多くあります。

　これらはコストアップにつながる場合もあるかもしれませんが、果たすべき役割であり、積極的に取り組むことが必要です。これらは物流事業者が単独で取り組むものだけでなく、委託する荷主側も一緒に取り組むべき課題であり、今後ますます重要になると考えられます。

◆ ロジスティクス・物流の位置付け

　このようなことから、ロジスティクス・物流の位置付けを考えると、極めて重要であることがわかります。ところが、企業において「生産」「販売」「物流」の機能を比較すると、「生産」「販売」のいずれかが上位になる企業は数多く存在します。その場合「物流」は「縁の下の力持ち」の役割と言われますが、決してそのような位置付けではなく、「ロジスティクスが経営そのもの」でその中心にあるのが「物流」という認識が必要です（図表 1-18）。

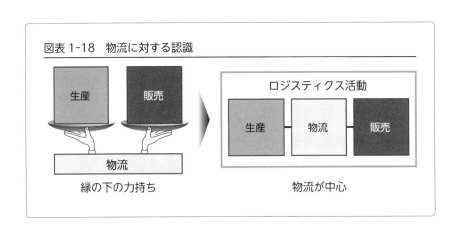

図表 1-18　物流に対する認識

縁の下の力持ち　　　　　　　　　物流が中心

9 ≫ これからの経営の考え方

　現在の経営環境は変化が激しく、これに対応するために今までの考え方の延長線上ではなく、柔軟に考えていくことが必要です。

◆ 取り巻くプレイヤーから求められること

　企業には、株主、従業員、取引先、消費者、社会など取り巻くプレイヤーが多く存在しますが、プレイヤーごとに求めるものが異なっています。たとえば、株主は業績向上に伴う配当の増加、従業員は賃金アップや働きがいのある職場や業務、取引先は高いレベルのサービス、消費者は安くて良い商品、社会は安全や環境への配慮、コンプライアンス強化などです。

　それらを達成するために企業は、向かうべき方向を定め、それに沿ってよりよいものを生産し、さまざまな面で効率化やコスト削減を推進しています。また、管理レベルを向上して安定化を図り、さらなる品質向上による顧客満足度の向上、資産／在庫圧縮などによる財務体質の改善、社会貢献活動による企業評価の向上などを行わねばなりません。そのために、戦略・戦術立案、実行、評価、改善をしていくという PDCA サイクルを回しています。

　従来は、それらを自社で行うのが当たり前でした。しかしながら現在は、企業を取り巻くプレイヤーからの要求レベルは高くなり、その求められるスピードも早くなってきています。それは、以前にも増して変化が激しい時代となり、迅速な対応が必要だからです。これらの要求に対して、自社の貴重なリソースを多く投入しなければならなくなっていますし、さらに自社だけでは適切に応えられなくなってきています。

◆ これからの経営スタイル

　こうした状況を解決し、目的を達成するためには、今までの考え方を転換する必要があります。最適なパートナーを選定し、そのパートナー

と力を合わせて、変化の激しい時代を乗り越えていくことです。つまり「パートナーとの協業という経営スタイルへの変革」です（図表1-19）。

　物流やロジスティクスもパートナーとの協業が必要ですが、経営がロジスティクスと密接に関係していることから、ロジスティクスのパートナー選定は極めて重要な課題となります。「パートナーとの協業という経営スタイルへの変革」といっても、物流業務を単に委託するだけでは協業といえません。自社で行うこと、委託することを分けて、双方で最大の効果を目指す必要があります。

　たとえば、自家物流を行っているなら、営業物流への転換というテーマになりますが、配送だけを委託するのか、物流センター業務も委託するのか、すべてを委託する元請体制とするのかについて検討します。さらに、物流センター業務のなかでも、どこまで委託するのかを明確にすることが重要です。そして委託後は、計画立案、業務運営、結果評価、改善のPDCAサイクルを回し、パートナーと共同でレベルアップを図ります。

　これらを円滑に進めるためには、目先のことだけではなく、戦略とし

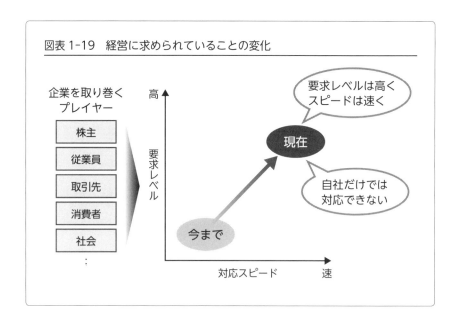

図表 1-19　経営に求められていることの変化

て将来どういう体制にするかというビジョンを描き、そこに至るまでの
ステップごとの姿を明確にしていく必要があります。ロジスティクスは
経営課題ですから、物流の業務委託と簡単に考えるのではなく、経営戦
略立案という位置付けで十分な検討を行う必要があります。

　また、委託先選定はこうした戦略をもとに行われるものであり、しっ
かりと求める姿を基準としてどこが強いのか、どの部分の強化が必要か、
将来はどこまで期待できるかについて委託先を評価すべきです。「餅は
餅屋」といいますが、委託先の専門家としての力を十分に活用すること
を考えます。

　自社の強みと委託先の強みを合わせて、まるで1つの企業として活動
できたなら、これほど強いものはありません。たとえば、工場を持たな
いメーカーが製造に強い会社の力を借りて仮想企業として活動する場合
がありますが、物流では「製造に強い会社」という役割が物流業務の委
託先に当たります。「パートナーとの協業という経営スタイルへの変革
を行う」とは、このようなイメージを実現することです（図表1-20）。

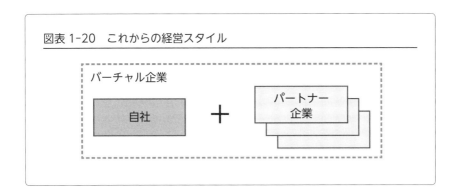

図表 1-20　これからの経営スタイル

覚えておきたい物流の専門用語

　どの業界にも専門用語があるように、物流業界にも専門用語が存在します。ロジ・ソリューションのウェブサイトで見ると、「三期制」「才数」「坪」という語がいつも上位にランクされています。物流業界になじみがあればとくに違和感はないと思っていましたが、そうでもないようです。

　三期制は、保管料を計算する計算方法です。前月末、10日、20日の在庫量に入庫量を加えて積数を計算します。これに単価を掛けて月間の保管量が計算されるわけですが、意外に間違えて理解されている方もいるようです。現在はサービス内容が多様化し、料金も多様化しているので、このような体系を使っているところは減っているかもしれませんが、基礎として覚えておく必要があると思います。

　才数や坪は単位に関する話題です。メートル法ではなく尺貫法の単位ですが、物流ではなじみが深いと思います。

　才という単位は、最初ミカン箱の大きさぐらいと教えられましたが、今となってはミカン箱もサイズが異なるのでイメージが違ってしまうかもしれません。1才は1立方尺で、1尺は約30.3cmです。つまり縦横高さが約30cmの箱が1才の箱となります。

　坪は一般的で、保管効率や賃料などで坪当たりいくらといった使い方をしていると思います。しかしながら、正式には平方メートルなので、正しく換算する必要が出てきます。1坪は畳2枚が目安ですが、畳は6尺の長さがあります。よって、1坪は約181.8cm四方、すなわち約3.305平方メートルとなります。ここで「約」となっているように、正しく換算ができているわけではありませんので、注意が必要です。

　一例をあげましたが、そのほかにもいろいろ物流業界特有の言葉があるので、正しい内容を理解しておくことが必要です。

第 **2** 章

ロジスティクス戦略の
立案と推進

　この章では、戦略的な内容について取り上げます。ロジスティクス戦略の重要性やその立案から実行計画推進管理までの流れを再認識します。その業務を推進する組織として、物流部の位置づけや役割についても取り上げます。また、物流業務のアウトソーシングについて、物流子会社を含めた委託先に対する考え方やさらなる高度化をねらいとしたサードパーティロジスティクス（3PL）の活用についても取り上げます。

1 »» ロジスティクス戦略

◆ 必要性

　戦略とは、企業が目指す姿に到達するために推進すべきことを整理したものです。現在は経営環境が大きく早く変化する時代ですが、このような時代においても企業は継続的に事業を行い、利益を創出して成長し、さらには社会貢献もしなければなりません。企業ごとに目指す姿は異なりますが、その目標に向かって進んでいくことが求められています。そのためには、経営資源といわれる「ヒト・モノ・カネ」、さらには「情報」「時間」などをどのように配分し、成果をあげていくかについて考えることが必要です。

　ところが戦略がなければ、どのように進めればよいのか、いつまでに何をすべきかなどが明確化されず、他社との競争に後れを取ってしまいます。戦略は、企業経営上なくてはならないものです。

　経営戦略は、それだけが単独でつくられるものではありません。企業には「基本理念」があります。これは、企業の価値観などを示したもので、基本的には変わりません（クレドなどとも呼ばれています）。次に「ビジョン（将来的に成し遂げたいことや成し遂げたい状態を指したもの）」があり、これを達成するために、経営戦略があります。

　「基本理念」は、「ミッション（使命）」「ビジョン（将来像）」「バリュー（価値観）」で表現されている場合もあります。「ミッション」は、社会的な企業の使命を示しています。「ビジョン」は、ミッションを受けて、自社は中長期でどのようになっていたいかという将来像です。そして「バリュー」は、ビジョン達成に向けての行動指針のことです。

　経営戦略は全社的な戦略を指していますが、事業部制などの企業では、事業ごとに事業戦略がつくられます。

　これらの戦略の中では、さらにマーケティングや研究開発などの機能別の戦略がつくられますが、ロジスティクス戦略もその1つです。

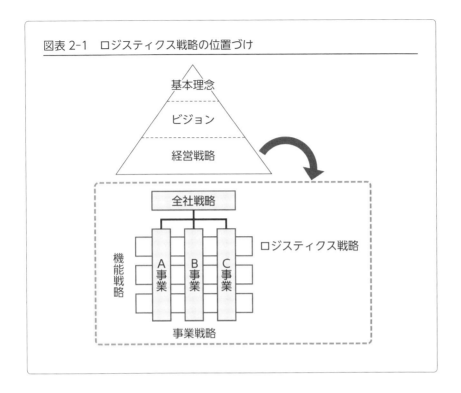

図表 2-1　ロジスティクス戦略の位置づけ

基本理念

ビジョン

経営戦略

全社戦略

機能戦略

A事業　B事業　C事業

ロジスティクス戦略

事業戦略

　ロジスティクス戦略は、経営に直結するテーマが多く、複数事業にまたがる位置付けにあり、全社に影響を与えます。したがってロジスティクス戦略は、企業の機能別戦略の中でももっとも重要なものです（図表2-1）。

◆ ロジスティクス戦略の立案

　経営戦略立案では、環境を分析し、自社の強み・弱みなどから戦略を策定していきます。ロジスティクス戦略でも流れは同じです。また、その際に考慮すべきは、「ロジスティクス戦略を実現するための実行計画を企画し、実現していく」戦術立案と「日々のオペレーションを着実に実行する3つの層に分けて考える」必要があることです。ロジスティクスの場合、戦略と戦術が同時に考えられることが多いので注意が必要です。

ロジスティクス戦略立案では、経営戦略や事業戦略を受け、その推進のためにどのような施策をしていくかという視点が重要です。たとえば、経営戦略として通信販売を拡大していくという場合、ロジスティクスではそれを支える体制整備が必要となります。

　このような課題に対して、ロジスティクス戦略立案では、経営戦略立案と同様、環境分析を行います。環境分析には内部環境と外部環境がありますが、よく使われる手法としては、3C分析とSWOTクロス分析があります。

　3C分析のCは、「顧客（Customer）」「競合（Competitor）」「自社（Company）」です。最近では、協力会社との協働もあることから自社の中に「協力者（Co-operator）」を加えて、3C＋Cや4Cといった表現をする場合もあります。この分析の目的は、重要な成功要因（KFS：Key Factor for Success）を探ることです（図表2-2）。

　顧客分析では、市場の規模やトレンドなどのマクロ的な内容に加え、購買行動やニーズの把握などを把握します。競合分析では、市場シェアなどに加え、検討する競合を設定して強みや弱みを分析します。もっとも重要なのは、市場で成功している企業の成功のポイント（KFS）を把握することです。自社分析では、自社の強みや弱みから競合が成功しているポイントとのギャップを把握します。

　SWOT分析は、「強み（Strengths）」「弱み（Weakness）」「機会

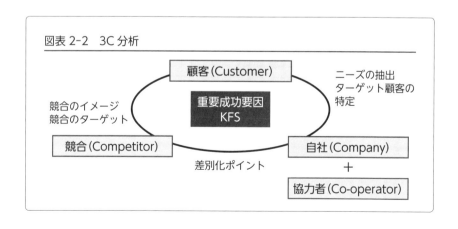

図表 2-2　3C 分析

（Opportunities）」「脅威（Threats）」の頭文字をとった分析手法のことです。まず、4つの視点で分析しますが、3C分析で行った内容も含めて整理していきます。強み、弱みは競合を意識して考えます。また、機会と脅威は自社やロジスティクスを取り巻く環境が変化していますので、検討の際に再度確認することが必要です。

次に、自社の強み（S）・弱み（W）と取り巻く環境の機会（O）・脅威（T）をクロスにして整理します。4つの視点で戦略を検討します（図表2-3）。

・強み（S）×機会（O）：強みを活かして機会を取り込む拡大戦略
・強み（S）×脅威（T）：強みで脅威を回避する差別化戦略
・弱み（W）×機会（O）：弱みで機会を取りこぼさない改善戦略
・弱み（W）×脅威（T）：弱みで脅威が現実にならない縮小撤退戦略

ここで抽出された戦略は、実現の可能性を評価して、優先順位づけやシナリオを作成します。

実現の可能性の評価では、達成できたときの効果もありますが、そのための投資コストや経営資源の大小や有無、また達成できなかったときのリスクなど、幅広い視点から評価をします。その評価結果は、目標とする姿と現状のギャップに対する打ち手になっているかを再度確認します。

これらは戦略立案のフレームワークとして有名ですが、ロジスティクス戦略もこれらを活用して立案していきますので、ロジスティクスの担当者は経営戦略立案の手法を理解し、活用する必要があります。

図表 2-3　SWOT クロス分析

	強み (Strengths)	弱み (Weakness)
機会 (Opportunities)	強みを活かして機会を取り込む **拡大戦略**	弱みで機会を取りこぼさない **改善戦略**
脅威 (Threats)	強みで脅威を回避する **差別化戦略**	弱みで脅威が現実にならない **縮小撤退戦略**

◆ ロジスティクス戦略の推進と進捗管理

　戦略ができたら、具体的な施策（アクションすること）を検討します。検討の中では、複数メンバーで自由に議論して抽出したほうが、より良いアウトプットが期待できます。戦略に沿っていないものは除き、結果としていくつかの施策を抽出します。

　施策が抽出できたら、実行計画をつくるために6W2Hを意識してアクション内容を明確にし、合わせてゴールに至るまでのステップやマイルストーン、達成度を測る指標も検討します（図表2-4）。

　次に、ゴールに至るまでのスケジュールを作成し、これらを実行計画にまとめて実行に移ります。

　実行計画推進時は、定期的な進捗確認や達成度を測る指標を活用して管理することも重要です。指標は、簡単に取れるような客観的なものを採用して、結果を評価し、計画が順調に進んでいない場合は、計画の見直しも含めて対応を検討します。

図表 2-4　6W2H

Why（なぜ）	目的、なぜ実施するのか
What（何を）	商品やサービス、提供する価値
Who（誰が）	担当する部門やチーム
Whom（誰に）	対象となる顧客や相手
When（いつ）	スタートや達成時期
Where（どこで）	対象となる市場、地域
How（どのように）	手段、技術
How much（いくらで）	投資金額、収支

また、このような活動を円滑に進めるためには、組織整備も必要です。通常の組織の中でできない場合は、プロジェクトチームを結成して活動するなど経営面からのサポートも行います。

ロジスティクス戦略のアクションプラン推進のためには、実行計画と活動のための組織整備が必要です。

2 ≫ 中期計画と予算

◆ 単年度予算と複数年度予算

ロジスティクス戦略を立案し、実行に移していく場合には、予算も必要です。

どの企業でも予算を立てて業務を進めていますが、ロジスティクスでも同じです。予算期間の計画取扱物量などからコストを算出して予算化していくことが一般的です。それはロジスティクスコスト単価などの指標で前年との比較がなされ、ロジスティクスコストがアップしていないかというチェックが行われることが多いためです。

この予算によって現在の業務は運営できますが、新たにアクションプランを実行していくためには、それに伴う予算化が必要ですし、それも単年度ではなく、複数年度に展開します（図表2-5）。たとえば、3年後に物流拠点の増設が必要な場合、センターの稼働がいつで、どのような稼働の仕方をするのかが明確になっていないと、1年目、2年目の予算化は難しくなります。

新たなプランに対する予算化によって、通常業務の予算にプラスされることとなりますが、先行投資が必要な場合、数値的には悪化することになりますので、通常の業務運営とアクションプラン推進のための予算を分けて管理していきます。

ロジスティクス戦略推進のためには、複数年度予算を立てて進めることが必要です。

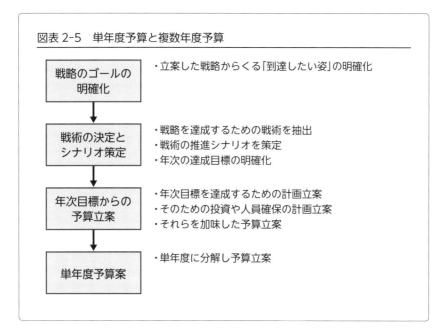

図表 2-5　単年度予算と複数年度予算

戦略のゴールの明確化	・立案した戦略からくる「到達したい姿」の明確化
戦術の決定とシナリオ策定	・戦略を達成するための戦術を抽出 ・戦術の推進シナリオを策定 ・年次の達成目標の明確化
年次目標からの予算立案	・年次目標を達成するための計画立案 ・そのための投資や人員確保の計画立案 ・それらを加味した予算立案
単年度予算案	・単年度に分解し予算立案

3 ›› 組織整備

◆ 物流の発展段階と物流部門の設置

　大量生産・広域販売の時代から物流部の設置が進みはじめ、今では多くの企業が物流部やロジスティクス部を設けて、物流に関して PDCA を回しています。しかしながらその業務内容を見ると、まだ日々の運用に注力している企業が多いのも事実です。物流部を設置するといっても、その企業の物流の発展段階に合わせた機能を持たせることが現実的ですので、まだまだ発展の余地はあるといえます。

　企業における物流の発展段階は、その管理レベルから考えると「出荷担当」「物流担当」「物流部」「ロジスティクス部」といった段階があります（図表 2-6）。

　「出荷担当」の段階は、すべての物流業務を自社で行っているか、配

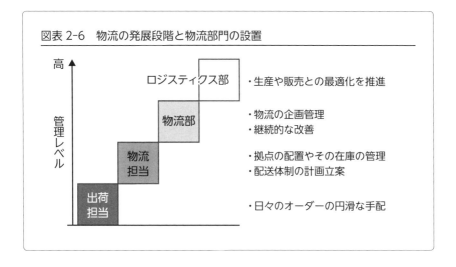

図表 2-6　物流の発展段階と物流部門の設置

高

管理レベル

ロジスティクス部　・生産や販売との最適化を推進

物流部　・物流の企画管理
　　　　・継続的な改善

物流担当　・拠点の配置やその在庫の管理
　　　　　・配送体制の計画立案

出荷担当　・日々のオーダーの円滑な手配

送の業務を委託しているような段階です。業務内容としてもっとも求められるのは、日々のオーダーを円滑に手配し、物流を処理することです。配送業務を委託している場合は、配送会社との業務内容や料金の取決めと支払物流費の管理が主なものとなります。

「物流担当」の段階は、配送に加えて物流センター業務も委託するなど範囲が拡大していく段階です。業務内容は、出荷担当の業務の範囲が拡大したものになることが主ですが、拠点の配置やその在庫の管理、配送体制の計画を立てることも含まれてきます。委託先管理やコスト管理などいろいろな業務が出てくる段階です。

「物流部」は、日々の業務、物流の計画立案に加えて、管理の業務のウエイトが大きくなる段階です。物流の企画を立案し、その実行について管理をすることで継続的な改善を進める役割があります。また、規模がある程度大きくなると、物流管理をすべて自社で行うよりも、「元請事業者」に一部を委託するような形も出てきます。

次に「ロジスティクス部」は、販売物流中心に担当していた物流部領域を拡大し、生産や販売との最適化を推進する段階です。さらにサプライチェーン上の他社との最適化を図る段階ともいえます。業務の範囲が広く管理も重要ですが、より戦略的な力が必要な段階です。

現在、多くの企業は「物流部」の段階で、物流に関する企画や管理の体制ができていると考えられます。そして今後物流部は、物流戦略立案推進の強化やロジスティクス管理のレベル向上を目指す必要があります。

◆ 物流管理組織の整備

　チェスターバーナード（1886 ～ 1961 年、米国の電話会社の経営者・経営学者）が提唱している組織の 3 要素は、

① 共通の目的を持っていること（組織目的）
② お互いに協力する意思を持っていること（貢献意欲）
③ 円滑なコミュニケーションが取れること（情報共有）

とされています。いい換えると、「組織は企業が達成したい目標に向かって、達成しようとするメンバーがコミュニケーションを取って協働するもの」だといえます。組織に対しては企業ごとに考えが異なるため、担務する範囲、権限、責任などが違ってくることとなります。これは、ロジスティクス部や物流部も同じです。

　「物流部」の役割は、「戦略」「企画」「管理」に大別できます（図表2-7）。

　「戦略」の役割は、全社の経営戦略を受けて物流戦略を策定し、実行していくことです。物流が向かうべき方向を決め、ヒト・モノ・カネに関する方針を決めます。具体的には、中期計画策定や物流予算／投資計画策定などがあります。

　次に「企画」の役割は、戦略に基づいて取り巻く環境や顧客のニーズ

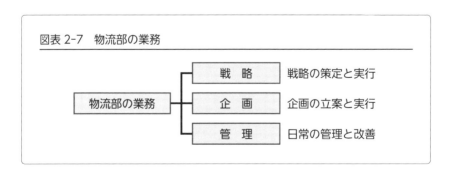

図表 2-7　物流部の業務

物流部の業務 ── 戦略 ── 戦略の策定と実行
　　　　　　├ 企画 ── 企画の立案と実行
　　　　　　└ 管理 ── 日常の管理と改善

に合わせた企画を立案し、実行に移す役割です。たとえば、拠点新設やネットワークの見直し、物流情報システムの開発などがあります。

「管理」は、物流サービスやコスト、効率などを管理し、改善につなげていく役割です。物流は日々の業務が滞ることなく行われ、事故やクレームがないことが当たり前として考えられています。このように日々の業務が問題なく行われるようにするためには、日々の管理や改善を進めていく以外にも、5S活動や小集団活動などの現場に密着した活動の指導も必要です。

物流部は、戦略・企画・管理がバランスよく行われている組織にすることが重要です。

4 ≫ アウトソーシング

◆ 物流子会社

物流子会社は1970年頃に設立ブームを迎えましたが、その目的は各社各様です。たとえば、物流の一括管理による効率化、物流管理レベルの向上、コストの明確化、人材の受け皿、物流業界に合わせた賃金体系の採用などです。そしてその方向性も、親会社の業務だけを行うのか、管理だけでなく実務も行うのか、親会社依存か独立指向かなどいろいろあります（図表2-8）。

多くの場合は、親会社の物流を一括して受託し、他社の業務も取り込むことで親会社に効率化の効果を還元するという方向で設立されています。ところが「なかなか業務拡大ができない」「コストが高止まりする」「物流がブラックボックス化する」などそのあり方が見直される場合も多く、子会社の売却や引受けを前提とした委託先選定も行われています。これらは会計制度変更の影響もありますが、設立の際の目的が明確でなかったり、親会社との業務の切分けが十分でなかったり、時代の変化についていけなかったりするためです。

図表 2-8　物流子会社

目的		対象業務		実業務体制	
・物流を一括で管理して効率化を図る ・物流管理レベルの向上 ・コストの明確化 ・人材の受け皿 ・物流業界賃金体系の採用 ・　：	×	・親会社の業務だけ ・親会社以外の業務も取り込む	×	・管理だけで実業務は委託 ・管理と実業務を行う ・実業務だけ	＝ いろいろな物流子会社の形態がある

　しかしながら、近年の物流を取り巻く環境から、コストアップ抑制と物流の安定稼働がテーマとなり、物流子会社が見直されています。企画力のある物流子会社は、現在の環境に迅速に対応でき、実務部門を持っている場合は、高品質の物流サービスが安定的に提供できるので大きなアドバンテージとなります。

　物流子会社がある場合は、その実力を再評価し、活用を検討することが必要です。

◆ 委託方針と委託先管理

　現在は、一般的に対象範囲は異なるものの、物流業務は物流事業者にアウトソーシングされています。たとえば、自社物流中心で輸配送などの一部の機能を委託している場合もあれば、すべてを元請事業者に委託している場合もあります。

　物流業務をアウトソーシングするアドバンテージは、「コストが明確になり変動費化できる」「専門事業者のノウハウを業務に活かすことができる」「自社の資源（ヒト・モノ・カネ）の投入が削減できる」「業務効率化やコスト削減ができる」などがあります（図表 2-9）。

　逆に課題としてもっとも注意すべきは、委託している業務内容や状況がわからなくなるブラックボックス化がないようにすることです。その

図表 2-9　物流のアウトソーシングのアドバンテージ

- コストが明確となり、変動費化できる
- 専門事業者のノウハウを業務に活かすことができる
- 自社の資源（ヒト・モノ・カネ）の投入が削減できる
- 業務効率化やコスト削減ができる

ためには、委託方針や委託内容を明確にして、委託先の管理を行います。これは、元請物流会社委託の場合のみならず、物流子会社へ委託する場合も例外ではありません。

　具体的には、委託先とコミュニケーションを十分にとる必要があります。その場合、月次に開催されるミーティングで情報を共有するだけでなく、現場における物流業務の実態を十分把握しておく必要があります。また、共通の指標を設定して業務の結果を共有化し、改善や高度化を推進する体制をつくります。この場合も、企業同士が行うというよりも、1つのチームとして推進している関係づくりが必要です。

　また、このような委託先との活動を進めるには、人材を配置したり、育成しなければなりません。

　このように、アウトソーシングはさまざまなアドバンテージがあるので、自社の補ってほしい点を明確にして委託先を選定し、良好な関係をつくります。

5 » 3PL の活用

◆ 定義

「サードパーティ・ロジスティクス（3PL：Third Party Logistics）」は、1990 年台の初頭海外で登場し、日本には 1990 年代後半に本格的に登場

してきました。しかしながら、その定義や使用方法はまだあいまいです。

3PL の「3」の意味は、2 種類の考え方があります。1 つは、サプライヤーがファーストパーティ、バイヤーがセカンドパーティ、そのどちらでもないサードパーティという考え方です。もう 1 つは荷主主導がファーストパーティ、物流事業者主導がセカンドパーティ、どちらでもない第三の勢力としてのサードパーティという考え方です。現在では、後者の考え方が一般的です。

3PL の定義は、1997 年の総合物流施策大綱に初めて登場し、その後 2005 年の総合物流施策大綱では加筆されたものが発表されています（図表 2-10）。

1997 年当時の独自の定義は以下のとおりです。

「クライアント（荷主）が顧客満足度（CS）の向上／市場競争力アップを目的としてロジスティクス業務を専門事業者に委託し、その事業者は、自らのノウハウを使ってクライアントの立場から、提案／改革／実践する。その活動の結果として両者が最終的に効果を分配する。このような互恵的戦略同盟を組みロジスティクス業務を推進することを 3PL という。」

ひと言でいうと「荷主の物流部の業務を代行してくれるのが 3PL」ということです。

図表 2-10　3PL の定義

- ●総合物流施策大綱（1997年4月）
  荷主に対して物流改革を提案し、包括して物流業務を受託する業務
- ●総合物流施策大綱（2005年11月）
  荷主企業に代わって、もっとも効率的な物流戦略の企画立案や物流システムの構築の提案を行い、かつそれを包括的に受託し、実行すること。荷主でもない、単なる運送事業者でもない、第三者としてアウトソーシング化の流れの中で物流部門を代行し、高度の物流サービスを提供すること

図表 2-11　3PL のキーワード

荷主の立場	事業者ではなく、荷主の視点
戦略的パートナー	上下関係ではなく、パートナー
ロジスティクス領域	物流だけではなく、ロジスティクス

　3PL を理解する上でのキーワードは、① 荷主の立場、② 戦略的パートナー、③ ロジスティクス領域です（図表 2-11）。

① 荷主の立場：考える位置づけを表しています。荷主の物流部の業務を代行するのが 3PL ですから、荷主の視点から考えていくことが重要です。

② 戦略的パートナー：従来の荷主と物流事業者の上下関係とは異なり、荷主と一緒になって行うということを意味しています。パートナーであれば、メリットもリスクも双方が負担することが当然で、Win-Win の関係が求められるからです。

③ ロジスティクス領域：物流業務だけが対象ではないことを意味しています。荷主のロジスティクスに関連する業務を代行するため業務の対象領域は広くなり、物流の業際の業務もあれば、ロジスティクスやサプライチェーンを最適に保つための改革や改善の推進といった企画業務も含まれることになります。

　3PL についての概念や定義は、まだあいまいな状況が続いています。委託側は、従来と同じように物流業務をアウトソーシングすることを 3PL と呼んだり、物流事業者を 3PL と呼んだりする場合があります。一方物流事業者は、営業上何も変わっていないのに 3PL と称していたり、元請事業者が 3PL だと定義していたりする場合があります。

　3PL は、従来の物流業務委託とはまったく異なる考え方です。十分に理解したうえで活用を検討すべきです。

◆ 3PLと元請物流事業者や物流子会社との違い

3PLと元請物流事業者はまったく異なるものですが、その違いを理解しておくことが、さらなる高度化につながります。

元請物流事業者は、複数の機能や物流モードを組合わせてサービスを提供する形をとります。自社以外の協力会社のサービスも組み込んで、一つのサービスのように提供するのが特長です。いろいろな組合わせで物流システムを構築し、荷主に提案していくという形を取ることにより、より多くの業務を受託し、取引規模の拡大を指向しています。それまで受け身型であった物流事業者が提案型にそのポジションを変えているのです。

3PLも元請物流事業者も提案をして、改革／改善を進めることから同じと考えがちですが、これらはまったく異なるものです。3PLはキーワードにあるように「荷主の立場」で業務を行うので、従来の荷主と元請物流事業者との関係とは、180度視点が異なります（図表2-12）。

物流子会社は3PLに近い存在です。

物流子会社は、物流管理業務の委託先として考えられますが、実務部門を持っている場合は物流業務の委託先でもあります。親会社の物流部が行っている業務のうち、物流子会社に第一線の管理や改善の推進、在

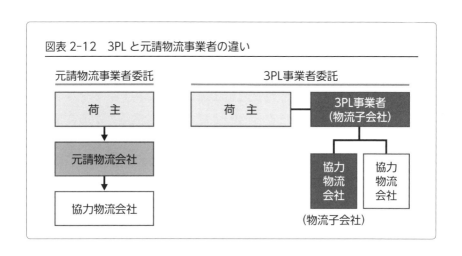

図表2-12　3PLと元請物流事業者の違い

元請物流事業者委託

荷　主

↓

元請物流会社

↓

協力物流会社

3PL事業者委託

荷　主 ── 3PL事業者
（物流子会社）

協力物流会社　協力物流会社

（物流子会社）

庫の配置計画と補充指図のような業務を委託し、親会社は戦略立案・推進などに注力する形になれば、物流子会社が3PLとして機能を発揮しているという形をつくることができます。

　注意すべき点は、物流子会社は、荷主である親会社の商品のことをよく知っていたり、人的なつながりが強かったりしますが、特別な存在と考え過ぎず3PL事業者や物流事業者の1社として評価し、運用を考えることです。

　このように3PLと元請物流事業者や物流子会社の違いを理解することが3PL活用のために必要です。

◆ 3PL事業者委託のねらい

　3PL事業者へ委託するねらいは、① コスト削減、② 最適体制の維持と高度化、③ 本業集中です（図表2-13）。

① コスト削減：物流事業者と異なり、3PL事業者は広い範囲を対象としてコスト削減活動をするため、今までとは異なるコスト削減が期待できます。しかしながら、これだけがねらいではありません。

② 最適体制の維持と高度化：3PL事業者は、専門家として業務運営を行い、その管理、改革／改善を進めるため、現状業務の高度化や最適体制が継続的に維持されます。物流形態の変化に合わせて最適な物流ネットワークやオペレーションへの変更、最適実物流事業者の活用など、今まで荷主として行ってきたことを3PL事業者が代行して推進します。

図表2-13　3PL委託のポイント

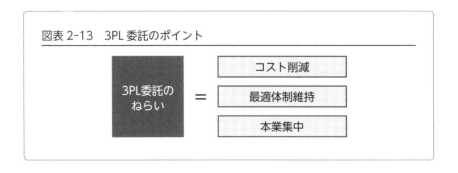

③ 本業集中：受注業務、在庫配置や移庫指図など物流部として日常行っている業務を委託することで、物流やロジスティクスの戦略立案や企画業務という本来行うべき業務に自社の貴重な人材を投入できます。

　また、物流に関連する投資を自社でするのではなく、3PL事業者に依頼することで、資金の有効活用ができます。さらに、既存の資産を3PLに売却して資産効率の向上を図ることも可能です。

◆ 3PL事業者への委託範囲

　委託の際には、戦略、企画、実務、管理という段階に分けて委託する範囲を決定します。

　戦略立案の業務は根幹となる業務ですから、自社で行う必要があります。

　企画業務では、ネットワーク維持／向上やオペレーション設計、情報システムの整備、KPI体系設計など幅広く3PLと共同で取り組むことができます。

　実務では、実物流業務に加えて受注業務や拠点在庫補充（横持）計画業務などの物流部業務が委託できます。

　管理では、取り決めた指標を使って業務を監視し、異常を見つけて改善を進めることは3PL事業者中心に推進すると効果的です(図表2-14)。

　いずれの業務も3PL事業者にすべて任せて自社で何もしないと、ブ

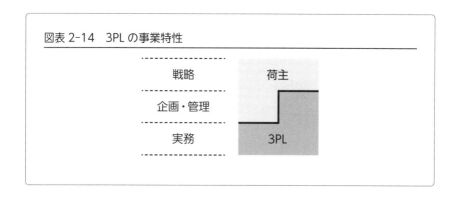

図表2-14　3PLの事業特性

戦略　　　荷主

企画・管理

実務　　　3PL

ラックボックス化して、結局委託前の体制に戻すということが起こりえます。自社も体制整備をして共同で役割を明確にして推進することが必要です。

　3PL 事業者への委託は、物流からロジスティクスやサプライチェーンマネジメントへ高度化するための一手段と理解し、一部の業務を共同で推進する体制を構築すると考えるべきです。

◆ 3PLの事業特性

　3PL は、物流事業者と異なる特性があるため、その点を理解して活用することが求められます。

　現状把握／企画立案段階では、従来の物流提案と比べると、その対象範囲が広く、理論と実務を知っている複数の人材チームが必要です。これは、3PL の領域が物流にとどまらずロジスティクスまで含まれ、生産や販売など関連する幅広い範囲を対象とするためです。したがって、たとえば生産／販売を考慮した在庫適正配置計画立案の能力、拠点と配送のネットワークに関するシミュレーションの能力、マテハン機器の特性を理解し選定できる能力、業務を支え管理する情報システムの能力なども必要です。

　この人材チームが現状を把握し、改革／改善提案を行いますが、契約に至らない場合もあり、多額のコストだけがかかることになります。したがって、現状把握／企画立案段階における提案のコスト負担が許容できる 3PL を選定することが必要です。

　近年では、この現状把握／企画立案段階をコンサルティングとして切り離して委託し、委託先候補の実力を測るとともに、実務の運営は改めて委託先を選定するという動きが出ています。

　実務運営段階では、業務を実行／管理しながら、改革／改善を進めていきますが、この効率化の成果が3PL の利益の源泉となります。これらを実行していくには、管理以外に企画や改善のできる担当の配置が必要となりますが、この担当にもコストはかかるため、これらをカバーできる規模と効率化額が 3PL の経営には必要です。したがって、3PL に

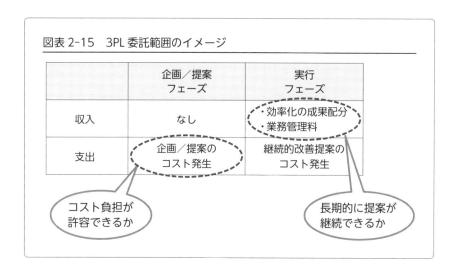

図表 2-15　3PL 委託範囲のイメージ

	企画／提案 フェーズ	実行 フェーズ
収入	なし	・効率化の成果配分 ・業務管理料
支出	企画／提案の コスト発生	継続的改善提案の コスト発生

コスト負担が
許容できるか

長期的に提案が
継続できるか

委託する範囲は十分検討する必要があります。

　また、3PL 体制のスタート当初は効率化ができても、時間とともにテーマが減少し、効率化できない状況になるのが一般的です。これにより 3PL 事業者は効率化による収入が減少することになり、契約を継続するにはさらなる企画立案をしなければなりません。その際考えられる企画に荷主側の体制変更などが含まれる場合もありますが、荷主側にはそれらを受け入れ、実行に移していく覚悟が求められます（図表 2-15）。

　以上のことから、長期に業務を継続できる体制構築のためには、企画改善力のある 3PL、効果を創出できる委託規模、3PL からの効率化案を実行に移せる荷主の覚悟が求められます。

第 **3** 章

物流企画の立案と推進

　この章では、物流に関する企画について取りあげ、主要な企画すべき内容についての考え方を整理します。物流サービスの規格化、物流ネットワークでは、輸配送や拠点立地の考え方、拠点の設計の考え方、在庫管理の目的や適正在庫の考え方、情報システム体系と開発の考え方、物流業務委託先見直し（物流コンペ）の進め方、物流の人材に求められる力など多岐にわたって取りあげます。

1 ≫ 物流サービス

◆ 顧客満足とサービスの特性

　顧客満足（CS：Customer Satisfaction）は、物流サービスを考える上で重要な要素です。その関係を理解しておきましょう。

　顧客満足が得られるのは、顧客が期待したレベル以上のものが提供されたときです。逆に、期待するレベルに達していないと満足度は与えられません。つまり、顧客満足とは「顧客の期待値を超えること」だといえます（図表3-1）。

　たとえばホテルを選ぶときには、候補となるホテルに期待するサービスと提示されている価格をもとに選定します。期待を超えるサービスが受けられればまた宿泊したいと思いますし、周囲にも勧めたくなります。ホテル側は、宿泊予約が増えるといった効果が期待できるため、顧客満足度向上に向けた活動を進めています。

　これを物流サービスで考えてみると、少し注意が必要です。顧客の期待値を超えて提供するサービスには制限があるからです。

　たとえば、納品先で荷受け担当が多忙だったので、ドライバーがフォークリフトで荷卸しをしたとします。ドライバーが荷卸しをするという契約ならよいのですが、車上渡しの契約だとするとどうなるでしょうか。

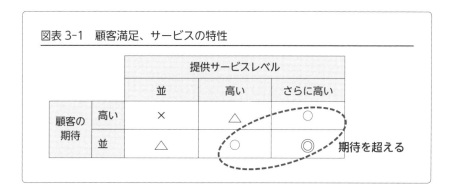

図表 3-1　顧客満足、サービスの特性

		提供サービスレベル		
		並	高い	さらに高い
顧客の期待	高い	×	△	○
	並	△	○	◎

期待を超える

荷受け担当者にとってはいいかもしれませんが、もし事故が起こったときの責任などさまざまな問題を含んでいます。

　期待値を超えるということについて整理しておく必要があります。また、顧客が期待するよい物流サービスも顧客ごとに異なれば、そのレベルもまた異なります。顧客のニーズを把握して、サービスの設計を行うことが重要です。

◆ 物流サービスの設計

　物流における評価のポイントは8つあります。それは、「適当な時間（タイミング）」「適当な場所」「適当な量」「適当な商品」「適当な品質」「適当な価格（コスト）」「適当な印象」「適当な方法」の各項目です（図表3-2）。

　たとえば、物流センターの来客が、事務員や作業員全員から大きな声で挨拶されたらどう感じるでしょうか。きっと良い印象を得られるに違いありません。8つのポイントの「適当な印象」において顧客の期待値を超え、よい評価を得た瞬間です。

　物流サービスを設計する際は、いろいろなトレードオフの関係にある要素を最適化していきます。たとえば、顧客に対するサービス率と在庫量を考えます。オーダーに合わせて確実に納品するためには在庫量を増やすことが有効ですが、在庫や拠点のコストがかかります。また、納品

図表 3-2　物流サービスの 8 つの評価ポイント （8R）

- ●適当なときに　　（Right Time）
- ●適当な場所へ　　（Right Place）
- ●適当な量の　　　（Right Quantity）
- ●適当な商品を　　（Right Material/Service）
- ●適当な品質と　　（Right Quality）
- ●適当な価格と　　（Right Price）
- ●適当な印象と　　（Right Impression）
- ●適当な方法で　　（Right Method）

リードタイムと拠点配置では、納品リードタイムを短く設定すると、拠点数が多くなってコストが上昇し、出荷のオペレーションも工夫が必要になります。このような項目間で、自社にとって「適当な」レベルでバランスの取れた組合わせを見つけなければなりません。ジョージア工科大学・ロジスティクス研究所の創立者であるフレーゼル博士は、顧客に提供するサービスの考え方をカスタマー・サービスポリシー（Customer Service Policy）と呼んでいますが、この意思決定が必要です。

　物流サービスの設計は、8つの評価ポイントを切り口にして検討します。

◆ 物流ネットワークと在庫配置

　物流センターから顧客へ納品する物流サービスの設計は、物流センターに在庫があれば、さまざまな形をとることが可能です。しかしながら、この在庫の持ち方は大きなテーマです。生産地が国内か海外か、在庫拠点をいくつにするかなど、ネットワーク設計では多くの要素が絡んできます。拠点が多くなれば、在庫コントロールが複雑になり、安全在庫も多くなるため総在庫が増加し、金利も含めたコストが増えることになります。

　一般に、納品リードタイムに余裕がある商品は拠点数を少なく、納品リードタイムが短い商品は多くの拠点で在庫を持つ必要があります。生産地と販売マーケットを考慮して、拠点数や立地場所を決定していきます。

　さらに効率的な運用をするために、さまざまな施策がとられています。たとえば、よく売れる商品は消費地近くに在庫し、あまり売れないものは集約して在庫するという仕組みです（図表3-3）。

　この仕組みのメリットは、あまり売れない商品は在庫量を少なくできることです。しかしデメリットとなるのは、あまり売れない商品の納品リードタイムが延びる場合があることで、納品先との調整が必要となります。また、よく売れる商品と同時に納品を求められている場合は荷合わせの作業が発生するため、効率的な仕分けの仕組みを考えなければな

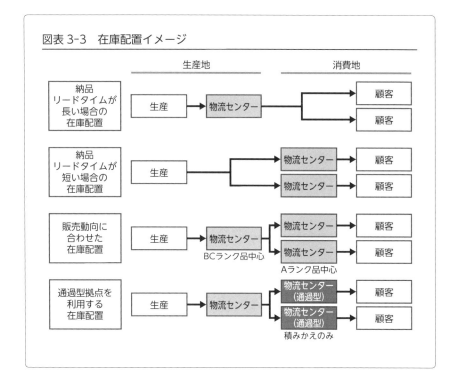

図表3-3　在庫配置イメージ

りません。

　そのほか、本来在庫を置くべき商品を在庫せず、幹線便で商品を一括で輸送し、消費地にある通過型の拠点で仕分けして配送する仕組みもあります。ただし、輸送や仕分け時間の制限があり、実現できる範囲が限られます。

　この仕組みのメリットは、在庫を持たないので保管や入出庫コストが削減できることですが、デメリットは、限られた時間での仕分け体制の確立と波動への対応をしなければならないことです。多くの場合、発地から夜間に輸送し、深夜から早朝にかけて仕分けしますが、物量が多い日は仕分けが間に合わなくなるリスクがあり、その対策が必要です。また、オーダーの波動は幹線物量の増減につながり、それに合わせて積載効率が変動し、コストに大きな影響を与えます。たとえ輸送量が少なくても幹線便は必要ですし、幹線便に積みきれなかった少量の物量も輸送

しなければなりません。これらの解決策は、発地側で幹線便物量をコントロールし、直送などの手段と併用することです。

これらはほんの一例ですが、物流ネットワークと在庫配置は、効率的な物流を実現するために重要です。

◆ 物流サービス規格化の考え方

物流サービスは目に見えないため、あいまいになる場合が多く見受けられます。しかしながら、一般の消費財のように、物流業務においても明確にしなければなりません（図表 3-4）。

たとえばスマートフォンは、記憶容量や静止画カメラの解像度などの仕様がカタログに明記されているため、利用する目的に合わせて、仕様と価格を比較しながら購入できます。

物流サービスも同様です。荷主が物流事業者に業務を委託する場合、物流サービスの内容と対価で比較して、自社に合う物流サービスを選定できます。また、荷主と物流事業者間でサービス内容が明確になっていれば、それを逸脱した場合にどうすべきかを双方で検討することができます。

実際に導入しようとすると、サービスを規格化するのは難しいという声も出てきますが、実際の運用の中では、従来どおり対応できるものは対応し、必要に応じて規格を見直しすればよいのです。

より良い物流体制をつくりあげるためには、物流サービスの規格化、すなわち「業務基準」の作成が必要です。

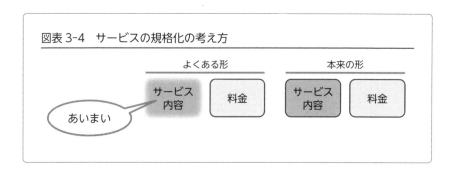

図表 3-4　サービスの規格化の考え方

◆ 物流サービス規格化の進め方

　物流サービスの規格化、すなわち「業務基準」の作成では、まず委託する物流業務を、大きく輸配送業務、物流センター業務などに分類します。さらに分けた業務ごとに業務を細分化して、その業務で荷主と物流事業者の接点となる作業を抽出します（図表3-5）。

　たとえば輸配送業務の場合、輸配送指図、積込み、輸送、取卸、受領、報告、精算などの作業があり、その作業ごとに基準を作成します。そして、輸配送指図なら「指図時間帯は9:00〜18:00」「指図タイミングは、関東地区向けのオーダーは配送日前々日の15：00以降から前日の15：00まで」「指図方法は電子データ交換」「指図枠は1日4トン車30台」「指図項目は……」「イレギュラー時は……」などのように内容を決めます。

　その他の業務や作業でも同様に、内容を設定しなければならない業務を抽出して詳細を決めていくことで、基準が作成できます。このような基準がない場合は、現状の業務を整理することからはじめます。物流サービスの規格化は、荷主と物流事業者が協力して進めます。

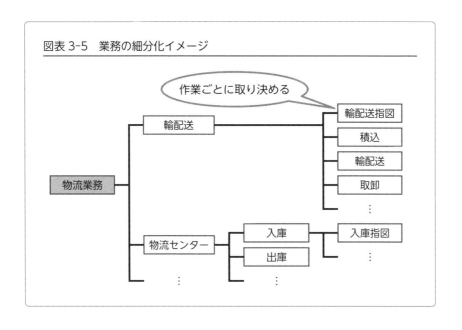

図表 3-5　業務の細分化イメージ

◆ 規格化した基準運用のコツ

　取り決めた基準をもとに日常業務を行います。現実には、当初取り決めていた基準が時間の経過や環境変化などさまざまな要因で変化していくため、定期的な見直しが必要です。

　また、基準を逸脱することが多い項目については、一定期間の実績を集約し、それに合わせて基準と料金を見直します。

　たとえば、時間指定配送の比率を設定している場合、時間指定の件数が減少できて設定した比率を下回り、配送効率がアップするならば、現状の料金レベルの低下を検討します。一方、指図時間を取り決めていながら、追加指図などが頻繁に起こり配送効率が低下する場合には、追加指図をなくす施策や追加指図について追加料金の設定を検討します（図表 3-6）。

　このように、基準はそれをもとに運用するだけでなく、業務を改善していくためにも必要です。たとえば、販売物流に関連することは、営業担当の評価の仕組みと連動させると、改善の推進スピードがあがります。物流部門だけでなく、営業部門を巻き込んで活動を推進します。

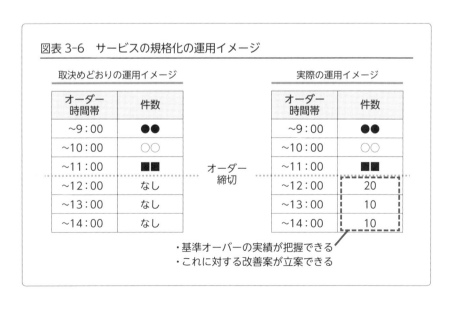

図表 3-6　サービスの規格化の運用イメージ

取決めどおりの運用イメージ	
オーダー時間帯	件数
~9：00	●●
~10：00	○○
~11：00	■■
~12：00	なし
~13：00	なし
~14：00	なし

オーダー締切

実際の運用イメージ	
オーダー時間帯	件数
~9：00	●●
~10：00	○○
~11：00	■■
~12：00	20
~13：00	10
~14：00	10

・基準オーバーの実績が把握できる
・これに対する改善案が立案できる

　サービスの規格化、すなわち「業務基準」の作成は、サービス内容と料金を明確にするだけでなく、改善にも活用できるという理解が必要です。

2 ›› 物流ネットワーク

◆ 輸送

　物流ネットワークを検討する上で、輸配送は非常に重要です。多くの場合、輸送費は物流費に占めるウェイトが高いからです。また、日本はトラックの利便性が高く、全体に占めるウェイトが高いという特長があります。

　輸配送は、生産拠点から消費地拠点までの輸送と、消費地拠点から顧客に対する配送に大きく分けられます。近年のドライバー不足などから、拠点間輸送はトラックで運べない場合も出てきており、こうしたときには鉄道や船などが使われます。このようにトラックから他の輸送方法に変更することをモーダルシフトと呼び、現在の環境下では積極的な活用が求められています（図表3-7）。

　このような活動を促進するため、国土交通省は「流通業務の総合化及び効率化の促進に関する法律（物流総合効率化法）」による支援を行っています。また、国土交通省と経済産業省は、物流分野における CO_2 排出量削減などの環境負荷低減や、物流の生産性向上などの持続可能な

図表 3-7　モーダルシフト（鉄道活用の場合）

物流体系の構築に資する取組みを促進するため、荷主や物流事業者などの関係者におけるグリーン物流の重要性について、認識の共有と交流を促進する会議として「グリーン物流パートナーシップ会議」を開催しています。

輸送手段を具体的に考える際には、一般的なトラック輸送だけでなく、JR コンテナ、フェリーや RORO 船によるトレーラー輸送なども検討します。商品によっては、船舶や航空機による輸送も含めます。

検討に際しては、その特徴と制約条件、輸送する距離や物量、リードタイムを考慮して、コストとともに検討して決定します。たとえば、長距離輸送ならばトレーラー輸送、船舶、JR コンテナ、航空機などが有利ですが、船舶は大ロットの原料などに適しています。また、航空機の利用は輸送コストが上がりますが、リードタイムは短いといった特徴があります。

また、すべてを 1 つの輸送手段にするのではなく、複数の輸送手段をミックスした体制を構築すると、リスク対策としても有効です。

◆ 配送

消費地拠点から顧客に対する配送は、拠点間輸送よりも小口で多頻度となるため、その特性に合う効率的な手段を選定します。具体的には、トラックのチャーター便や積合せ便、特別積合せ便、宅配便、航空便などを組み合わせて活用することを考えます。

その場合、前提条件をしっかり見直し、最新の情報下で設計することが重要です。とくに顧客への納品条件は時代とともに変化していきます。しかしながら取決め当初の条件をそのままにしていることも多く、これを前提にしてしまうと効率的な配送体制が設計できないからです。

設計においては、最新の条件を前提とする検討以外に、前提条件を緩和した場合の変化も試算して、経営者や関連部門と検討すべきです。たとえば翌日配送が前提となっているものの、一定条件の納品先を翌々日配送にしたら物流はどう変化するかなどです。現在の制約条件の中で効率化を追求するのは言うまでもありませんが、その制約条件の変更も視

野に入れることが、ドライバー不足などの環境下では必要です。こうした案は、営業部門から反対の声があがるかもしれませんが、取り巻く環境や経営への影響度合いなどを考慮して、経営者の観点から検討していくべきです。

配送を検討する場合のポイントは、配送エリアの広さ、配送軒数、配送ロット、配送制約条件と車種です。

配送では「物量密集度」という指標を使うと検討が簡単になります。物量密集度とは、納品先に着いたときから、次納品先に到着するまでの時間のことで、単位は分／軒です。物量密集度は、納品先での納品貨物の荷卸時間と次の納品先までの移動時間で構成されています（図表3-8）。

荷卸時間は配送ロットによって変化します。次に移動時間は、配送エリアの広さと配送軒数で変化します。たとえば荷卸時間が10分、移動時間が10分ならば、物量密集度は20分／軒です。つまり、配送可能時間が9：00〜15：00の5時間とすると、15軒の配送ができることになります。1軒のロットが100kgの場合1,500kgとなり、2トン車で配送可能となります。一方、400kgの場合、4トン車では最大10軒分しか積めないため、15軒の配送ができても10軒に制限されることになり、3時間20分で配送が終了します。拠点の往復が30分だとすると、あと

図表3-8　物量密集度

- ●定義
  納品先に到着したときから、次の納品先に到着するまでの時間のこと
  単位は分/軒

- ●計算式
  物流密集度　＝　走行時間　　　　　　＋　荷役時間
  　　　　　　＝　走行距離／走行スピード　＋　荷役時間

- ●影響を受ける要素
  ・走行距離　　：エリアの広さ、配送軒数など
  ・走行スピード：エリア特性、走行時間帯、走行時期など
  ・荷役時間　　：配送ロット、納品先特性など

1時間10分あるため、2軒は2運行目として配送できることがわかります。トータル12軒の配送となるわけです。

　実際の配送では、全体のオーダーの中から大ロットのオーダーはチャーター便を活用し、その他のオーダーは配送効率などをもとに検討して、積合せ便や特別積合せ便などの最適な組み合わせをつくりあげます。またその組合わせは、日々の変化に対応できる体制でなければなりません。

　実際の運用では制約条件がありますが、配送の設計を行うときには、物量密集度の考え方を理解し、配送シミュレーションソフトを活用してより検討していくと有効です。

◆ 共同化

　輸配送を検討する際に考慮すべきなのが「共同化」です。現在の環境下では、とても重要なキーワードです。

　輸配送の共同化、すなわち共同配送は、物流事業者が利用する配送の管理指標である「三元率」をもとに考えるとわかりやすくなります。「三元率」とは、「積載効率」「実車率」「稼働率」のことです（図表3-9）。

　たとえば積載効率では、複数荷主の貨物を積合せして配送する「積合せ輸配送」、実車率では、往路と復路で複数荷主の貨物を輸送する「往復輸配送」、そして稼働率では、1台の車両の時間を区切って複数の荷主の配送を行う「時間帯別配送」です。

図表 3-9　共同配送

指標	計算式	内容	名称
積載効率	積載トン数／積載可能トン数	複数荷主の貨物を積合せて配送	積合せ配送
実車率	積載して走行した距離／総走行距離	往路と復路で複数荷主の貨物を輸送する	往復輸送
稼働率	稼働日数／総日数 稼働時間／総時間	1台の車両の利用時間を区切って複数の荷主の配送を行う	時間帯別配送

この中でももっとも多いのが、共同化による積合せ配送です。これを検討していく場合、物流事業者が運営している共同配送を活用するのか、企業グループ主導で企画／実行していくのかという点で大きく異なります。

物流事業者運営の共同配送では、食品やお菓子など商品を絞った共同配送のサービスを提供している場合が多く見受けられます。自社にあったサービス提供会社について検討する際には、既存の配送先と自社の配送先の重なりが多いほど効率的なため、現在の配送先との重なりを確認して、委託すべきかを決定します。

また、企業グループ主導で企画／実行していく場合は、中立的な立場で企画／運営／管理ができる組織機能を持つことが成功のポイントです。複数の企業で積合せ配送を行った場合、物量が多い会社よりも少ない会社のほうが単位当たりの効果は大きくなります。そこで、中立的な組織機能は、効果を貢献度に応じて配分する役割を担当します。また、利用する帳票など運用の規格統一だけでなく、配送リードタイム、オーダーの締切時間などいろいろな利害関係調整も必要となるため、そうした調整役にもなります。

共同配送は、効率化が進むとさらに一緒に配送してほしいところが増えてきます。こうなれば物量は増加し、共同配送の効率化が進むという好循環が始まるため、将来を見越した計画が必要です。

一口に共同配送といっても、考慮すべき点は数多くあり、推進には十分な検討が必要なため、実現に向けては多くの時間を要します。しかしながら、共同配送は今後必ず検討課題としてあげていくべき重要なテーマです。

◆ 拠点立地

物流の企画において、輸送と拠点のネットワーク設計はとても重要です。とくに拠点は、いったん決定すると簡単には変更できません。拠点数、立地、規模、機能など、検討すべき項目は数多くあるため、十分な検討が必要です。

拠点数は、少ないほうがコスト的には安くなりますが、顧客に対する
リードタイムと輸送費を考慮して決定します。1拠点の場合は、出荷先
の距離と物量の重心点を計算して立地を検討します。また複数拠点の場
合は、立地点の候補をクラスター分析という手法で選び出します。クラ
スター（cluster）とは「集団」「群れ」という意味で、データ全体をい
くつかの集団（グループ）に分類する分析手法です。
　このようにして立地案が抽出されたら、現実にどこなら拠点設置が可
能かを検討します。関東一都三県を対象に1拠点の試算をしてみたら立
地が皇居になった、東京湾になったということも起こりえます。また、
コスト負担が可能ならば都心でもかまいませんが、一般的に物流セン
ターは安価な運営を求められるため、地価が安い郊外に立地することに
なります。試算された地点から遠く離れたところを立地候補とすると、
遠距離になった配送先に対し、約束しているリードタイムが守れなくな
り、複数拠点にすべきということになってしまいます。
　複数拠点の設置では、拠点費用と輸送費はトレードオフの関係にある
ため、トータルコストで評価します（図表3-10）。
　2拠点、3拠点と候補が出たら、拠点費用を計算します。計算する場

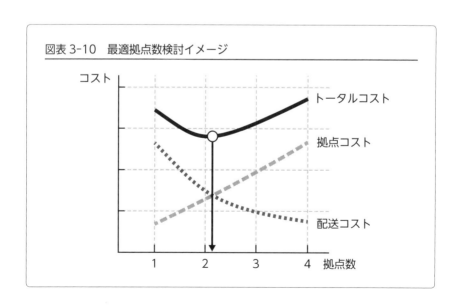

図表 3-10　最適拠点数検討イメージ

合には、既存の拠点があればその費用をモデルにします。拠点費用の中でも、入出荷のように変動する費用は、拠点が変化しても大きく変わりません。そこで入出荷の費用は同じと考えて、拠点の設置により固定的にかかる費用がどの程度必要かを試算します。たとえば、管理者のコスト、拠点の建屋に関するコスト、在庫の費用などは拠点が増えると増加します。また、立地する場所によってはその土地代が高くなるなどの要素もあります。

拠点コストが拠点案ごとに試算できたら、それぞれの拠点からの輸配送費を加えて、トータルで費用が安い案を選択します。複数案がほぼ同じであるならば、拠点数が少ない方を選定します。これは試算に入っていない管理の大変さなどの要素をできるだけ減らすためです。

このように、拠点立地は試算による立地候補をもとに実行できるプランに落とし込んでいくことが重要です。

◆ シミュレーションの活用

輸配送や拠点の検討では、まず方向性を決めることが大切です。そのためには、シミュレーション技術を活用して検討すると有効です。

シミュレーションでは、現状をもとに基準となるモデルを作成し、検討モデルがそれに対してどれだけ変化するかを試算します。基準となるモデルが現状に近いほど、検討の精度は上がります。また、さまざまな検討モデルで容易に試算できるため、どのモデルが有利かを判断しやすくなります（図表3-11）。さらにモデル間のギャップを把握することで、実施後の姿を想定することができます。

配送の検討については、「現状把握」「検討モデル作成」「シミュレーション結果による検討」「検討モデル追加作成」「追加シミュレーション結果による検討」「まとめ」の順で進めます。

①現状把握

「現状把握」では、実態の情報を把握します。納品先別の物量や納品時の時間制約、車種などの条件です。現在は道路地図を利用しているため、納品先住所も細かい番地まであるとよいでしょう。

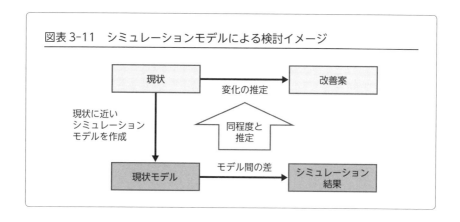

図表3-11　シミュレーションモデルによる検討イメージ

現状　→　変化の推定　→　改善案

現状に近いシミュレーションモデルを作成

同程度と推定

現状モデル　→　モデル間の差　→　シミュレーション結果

②検討モデル作成

　次に「検討モデル作成」です。まず基準となるモデルは、現状の業務にできるだけ近くなるような基準モデルを作成します。検討モデルは、検討内容に従って作成しますが、モデル間のギャップの検討がしやすいように、構造的に作成しておく方がよいでしょう。

　たとえば、出荷拠点が現状のままと、変更する場合の2つがあったとします。また、納品時間帯も現状どおりと変更する2つの検討案があれば、基準モデルは「出荷拠点は現状のまま、納品時間帯も変更なし」となります。次に検討モデルは、「出荷拠点がそのままで納品時間を変更する場合」と「出荷拠点を変更して、納品時間帯を変更する」「変更しない」の合計3つのモデルです。こうすることで、出荷拠点変更の影響と納品時間変更の影響を考察できることになり、結果を検討する上で有利だからです。

③シミュレーション結果による検討

　次に「シミュレーション結果による検討」では、検討モデル間の違いの大きさも考慮して、有利な方向を探ります。多くの場合、ここでさらに検討モデルに切り口を加えて、追加のモデルをつくることになります（検討モデル追加作成）。これは、結論にたどり着くには、最初のモデル設定に比べて細かな検討が必要になるからです。

　再度試算して結論を導きますが（追加シミュレーション結果による検

討）、検討が不足する場合は、再度追加の検討モデルを作成して試算を重ねます。

　このような方向性の検討のためには、シミュレーションを活用して検討を進めることが重要です。

◆ 拠点設計

　拠点については、いったん運用を開始すると、変更が難しくなります。したがって設計の段階で十分な検討が必要です。

　拠点設計のステップは「コンセプト・目的・目標の明確化」「拠点の立地検討」「基礎分析」「レイアウトプランニング」「オペレーションプランニング」です（図表 3-12）。

　「コンセプト・目的・目標の明確化」では、どのような物流センターをつくるのかというもっとも重要なところを明確にします。とくにコンセプトは計画を通してバックボーンとなるところですから、十分議論して決定します。また、センター機能を考える上では、対象顧客のニーズ

図表 3-12　拠点設計のステップ

コンセプト・目的・目標の明確化	どのような物流センターをつくるのか
拠点の立地検討	センターの求める条件と、現実の立地場所や道路環境、事業の拡大と拡張性、輸送体制などの条件を幅広く検討
基礎分析	保管対象物分析（Product分析） 物量分析（Quantity分析） 経路分析（Route分析） 物流インフラ条件分析（Service分析） 時間分析（Time分析）
レイアウトプランニング	ブロックレイアウト設計やマテハン設備について検討
オペレーションプランニング	時間帯別の作業者とモノの動きと設備や情報機器との連携などを設計

や現状センター体制におけるクレーム分析など多岐にわたって行います。

次に「拠点の立地検討」では、コンセプトに基づいてセンターに求める条件を明確化し、現実の立地場所や道路環境、事業の拡大と拡張性、輸送体制などの条件を幅広く検討する必要があります。

「基礎分析」では、PQRST分析と呼ばれる「保管対象物分析（Product分析）」「物量分析（Quantity分析）」「経路分析（Route分析）」「物流インフラ条件分析（Service分析）」「時間分析（Time分析）」を行います。

「レイアウトプランニング」では、ここまでで得られた情報をもとにレイアウトを検討します。大きなブロック（たとえば保管エリア、検品梱包エリアなど）に分けて関連が深いものが近くになるように、全体のバランスを考慮して検討します。また、マテハン設備を導入する場合は、レイアウトとオペレーションの両面から、設備の必要スペース、機能、能力などについて十分検討します。

最後に「オペレーションプランニング」では、センターの稼働時を想定した運用スケジュールを作成し、時間帯ごとの作業者とモノの動き、設備や情報機器との連携などを設計します。

ここまでスムーズに設計が進むことはマレで、多くの場合レイアウトやオペレーションは繰返し検討することになります。運用で困らないように、計画時に幅広く検討しておくことが重要です。

新規拠点の設計の考え方は、既存の物流センターの改善や委託先の物流センターの評価に利用できるため、十分に理解しておきましょう。

3 »在庫管理

♦ 2つの在庫管理

「在庫管理」は一般的によく使う言葉ですが、JISでは次のように定義されています。

「在庫管理とは、在庫管理完成品・仕掛品・部品・原材料など棚卸資

図表 3-13　2 つの在庫管理

● 資産管理(Inventory management)
・棚卸資産を管理することで、過不足なく最適な場所に配置されるようにすること
● 現品管理(Stock control)
・在庫品を利用できる状態に保ち、数量も帳簿と差異がない状態で管理されていること
・物流事業者が行う在庫管理と同じ意味

産の量を適正に管理する活動。市場の需要動向に即応して品切れまたは余剰在庫の発生を防止し、キャッシュフローと棚卸資産回転率とを同時に向上させて、顧客満足と経営効率とを追及するロジスティクスの中心的活動である。また、そのために在庫拠点での在庫差異を防止したり、保管効率を向上させたりする活動を、現物管理として在庫管理という場合もある」

在庫管理といっても「在庫という資産の管理」と「在庫の現品管理」という 2 つの意味があります（図表 3-13）。

「在庫という資産の管理（Inventory management）」は、棚卸資産を管理することで、過不足なく最適な場所に配置されるようにすることです。一方「在庫の現品管理（Stock control）」は、在庫品を利用できる状態に保ち、数量も帳簿と差異がない状態で管理されていることで、物流事業者が行う在庫管理と同じ意味合いです。

在庫は現金と同じなのでいずれの管理も重要ですが、企業経営に対するインパクトの点では「在庫という資産の管理」の方がより重要です。

◆ 在庫管理の目的

在庫管理（在庫という資産の管理）の目的は、顧客サービスの観点から見ると、「必要なときに、必要なものを提供できるようにする」ことです。一方、経営の観点から見ると、「過剰でも不足でもない在庫状態を維持し、余分に在庫費用を発生させないこと」です。

在庫を大量に持てば顧客のニーズに合わせて商品を提供できますが、在庫のコストが増えてしまいます。この在庫コストには、在庫長期保有による売価の下落、品質の劣化や陳腐化、廃却損、製造にかかった資金に対する金利負担、それらを保管することによる物流コストの発生など、さまざまなリスクがあります。

だからといって在庫を圧縮すると品切れが発生し、顧客のニーズに合わせられなくなります。このトレードオフの関係を管理し、最適に維持することが在庫管理に求められています。具体的には、顧客に対する在庫サービス率（顧客が必要なときに在庫を提供できる率）を設定し、それにあった適正な在庫を維持します。

適正な在庫量を決定するには、「出荷量の平均とバラツキ」「在庫補充のリードタイム」「在庫補充の頻度」「需要変動」の要素に加えて、これら4つの要素に多少の変動があってもサービス率を維持するための「安全在庫」を含めて検討します（図表3-14）。

安全在庫は、JISでは「需要変動または補充期間の不確実性を吸収するために必要とされる在庫」と定義されています。出荷量には日々変動があり、平均的な出荷量を前提に在庫を考えていると、変動が大きいときに品切れが発生してしまいます。これを防ぐために出荷のバラツキやリードタイムから計算された必要な在庫が安全在庫です（図表3-15）。

在庫管理は企業経営においてとても重要なので、その考え方や仕組みを十分に理解してください。

図表 3-14　適正在庫量の決定要素

・出荷量の平均とバラツキ
・在庫補充のリードタイム
・在庫補充の頻度
・需要変動

図表 3-15　安全在庫の計算式

安全在庫 ＝ 安全係数 × 出荷のバラツキ(標準偏差) × リードタイムの平方根

欠品許容率　安全係数
1%： 2:33
5%： 1.65(よく使われる)
10%： 1.29

図表 3-16　在庫日数の計算式

在庫日数　＝　在庫物量　÷　1日の出荷物量

図表 3-17　在庫回転率の計算式

在庫回転率　＝　出荷量　÷　在庫量

◆ 在庫分析

　在庫の分析手法は数多くありますが、目的に合った手法を活用します。

　たとえば、在庫日数の分析では、在庫量を出荷量で割ることで、何日分の在庫を持っているかを算出します（図表 3-16）。この分析では、適正な在庫日数と実績を比較することで、在庫の過不足がわかります。

　また、在庫回転率の分析は、出荷量を在庫量で割ることで、一定期間に在庫が何回転するか（入れ替わるか）を算出するものです（図表 3-17）。この分析は、在庫日数の逆の計算となります。この数値をもとにどのアイテムの流動性が高いかがわかります。

　ABC 分析は在庫分析の基本的な手法ですが、そのねらいは、それぞれの品目の特徴をとらえて管理をしようというものです。具体的には、

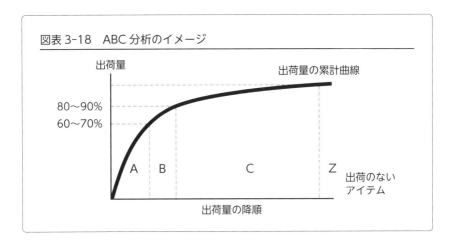

図表 3-18　ABC 分析のイメージ

在庫品目を出来高の多い順に横軸にとり、品目別出来高の累計を縦軸にとって、プロットしたパレート図を作成します。そしてAランク品、Bランク品、Cランク品、Zランク品にランク付けします（図表3-18）。ランクの付け方は、一般的に累積構成比率が60 〜 70％以内をAランク品、80 〜 90％以内をBランク品、100％までをCランク品、まったく出荷のないものはZランク品とします。

　縦軸の出来高の部分は「金額」でとらえることが多いですが、物流では「数量」でとらえます。Aランク品は、出荷量が多いため、補充頻度を上げて少ない在庫で対応できるように考えるアイテムです。Bランク品は、Aランク品より出荷量が少ないため、在庫サービス率を維持できるように対応するアイテムです。Cランク品は、出荷があまりないので、在庫管理に手間がかからないようにするアイテムです。Zランク品は出荷のないアイテムなので個別に対応を決定し、不要な在庫の場合は処分します。

　このABC分析を応用して、出荷量の多い順に並べて、在庫量、在庫月数、出荷頻度の分析をする分析手法もあります。

　日々の在庫状況を分析するには、「流動数曲線」で分析します（図表3-19）。横軸に日付、縦軸は物量です。入庫数量と出庫数量の累計を重ねて表示することで日々の在庫量の変動や在庫保有日数の状況を見るこ

図表 3-19　ABC 分析を応用した分析手法

No.	項目	整理内容	わかること
1	出荷物量	出荷物量の大きいアイテム順に出荷物量をプロットする	ABC ランクで、売上に貢献している商品を把握できる
2	出荷物量＋在庫物量	出荷物量の大きいアイテム順に、該当するアイテムの在庫物量をプロットする	在庫数量の実態が把握できる
3	出荷物量＋在庫日数	出荷物量の大きいアイテム順に、該当するアイテムの在庫日数をプロットする	在庫日数の実態が把握できる

とができます。

◆ 適正在庫と補充

　在庫の分析ができたら、それを活用して適正在庫を維持する活動に移ります。適正な在庫量を決定する要素には「出荷量の平均とバラツキ」「在庫補充のリードタイム」「在庫補充の頻度」「需要変動」の４つがありますが、主体的にコントロールできるのは在庫補充の仕方となります。

　在庫の補充方式には、補充のタイミング（定期・不定期）と補充量（定量・不定量）の組合わせで４つの方式があります（図表 3-21）。

　「定期定量補充方式」は、現在はあまり使われていません。「定期不定量補充方式」は、週に１回というように決められたタイミングで補充量を計算して補充する方式です。需要の変動の大きい商品に適していて、ABC 分析の A ランク品で採用されることが多い方式です。

　「不定期定量補充方式」は、一定の在庫量になったら定量を発注する方式です。需要の安定している商品に適していて、ABC 分析の C ランク品で採用されることが多く、補充に手間をかけたくない場合に採用される方式です。代表的な運用方法に、ダブルビン方式やかんばん方式があります。ダブルビン方式は、在庫を２つに分けて一方がなくなったら発注する方式です。また、かんばん方式は、かんばん１枚分の出荷がされたら、かんばんに割り振られている発注を行う方式で、細かく行うと

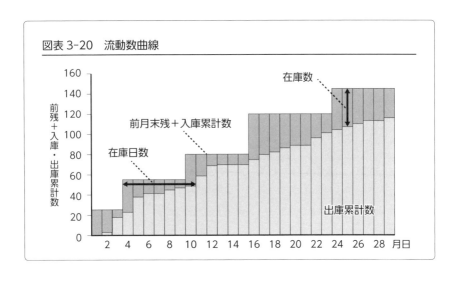

図表 3-20　流動数曲線

図表 3-21　4 つの補充方式

		補充	
		定量	不定量
タイミング	定期	・定期的に在庫調査を行い、在庫が発注点以下の場合に、一定量を発注する方式 ・あまり使われていない	・設定した期間ごとに必要量を発注 ・売れ筋定番商品に多い
	不定期	・在庫が一定水準以下になったときに、一定量を発注 ・需要変動の少ない商品に多い	・在庫水準や需要変動に合わせて、必要なときに必要量を発注 ・情報システム利用が必要

少ない在庫で運用することが可能となります。「不定期不定量の補充方式」は、必要の都度補充する方式です。

　これらの方式は、補充の基本的な考え方として理解が必要ですが、情報システムが進化し、需要予測をもとにした補充量の計算も精度が高くなっているため、システムに組み込んだ運用を考えます。これらの方式の中では、需要の変化に合わせて在庫を適正化しやすい不定量補充が有利です。

◆ SCMと在庫

　サプライチェーン・マネジメントが不十分だと、販売量の情報が正確に伝わらず、商品の補充量が多くなり、サプライチェーン上のトータル在庫は膨らむ傾向にあります。これは、在庫過剰より欠品が問題視されるため、安全をみて補充しておこうという意識が働くためです。

　これをブルウィップ効果と呼びます。ブルウィップとは、牛（ブル）などの家畜用に使う鞭（ウィップ）のことで、ブルウィップ効果とは、手元でわずかな力を加えるだけで、鞭の先は大きくしなることを意味します（図表 3-22）。欠品を恐れるわずかな判断のズレが、大きな在庫過剰を呼び込んでしまうのです。

　SCM が高度化されると、販売情報に基づくサプライチェーントータルの在庫情報をもとに、必要な在庫量を持てばよくなるため、ムダな在庫がなくなることになります。

　サプライチェーンのトータルの在庫量は、どこに在庫を持つかによって変化します。たとえば見込生産された部品を使って受注生産品をつくるとき、部品としての在庫はありますが、製品は受注生産なので在庫がないことになります。一方、見込生産される日用雑貨などは消費者に近い位置に在庫があり、受注生産品などに比べてトータルでの在庫量は多くなります。

　このような見込生産と受注生産の分岐点、サプライチェーンのどこで在庫を持つかを示した点をデカップリングポイント（De-coupling

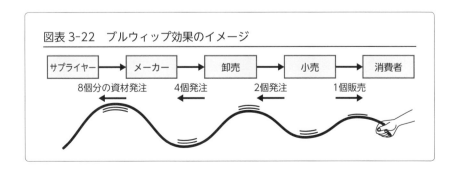

図表 3-22　ブルウィップ効果のイメージ

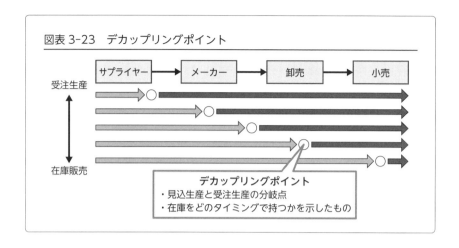

図表 3-23　デカップリングポイント

サプライヤー → メーカー → 卸売 → 小売

受注生産

在庫販売

デカップリングポイント
・見込生産と受注生産の分岐点
・在庫をどのタイミングで持つかを示したもの

point）と呼びます（図表 3-23）。

　デカップリングポイントが上流工程にいけばいくほど在庫は減りますが、顧客までのリードタイムが長くなり、機会損失が増える可能性があります。一方、デカップリングポイントが下流工程にいけばいくほど在庫は増えますが、顧客に対するリードタイムは短くなります。

　また、デカップリングポイントを境に、自らの判断で計画的に行える業務と受注主導の業務に切り替わり、特性が変わります。

　このように、SCM における在庫の特性について理解しておく必要があります。

◆ S&OPとは

　S & OP（Sales and Operations Planning）とは、経営層が販売実績（セールス）の情報をもとにした事業計画を立て（プランニング）、業務部門が実行する（オペレーション）ことです。経営層と生産や販売、在庫などの業務部門が情報を共有し、経営層の意思決定のスピードと精度を高めることで、サプライチェーン全体を最適化しようという手法です。

　従来の SCM は数量管理中心でしたが、S&OP は金額ベースでの販売および操業計画に展開します。SCM では、数量を管理することで、欠品防止による販売機会ロスの最少化、トータル在庫の削減、トータルリー

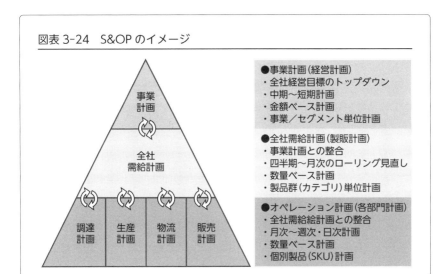

図表 3-24　S&OP のイメージ

事業
計画

全社
需給計画

調達
計画　生産
計画　物流
計画　販売
計画

●事業計画(経営計画)
・全社経営目標のトップダウン
・中期〜短期計画
・金額ベース計画
・事業／セグメント単位計画

●全社需給計画(製販計画)
・事業計画との整合
・四半期〜月次のローリング見直し
・数量ベース計画
・製品群(カテゴリ)単位計画

●オペレーション計画(各部門計画)
・全社需給絵計画との整合
・月次〜週次・日次計画
・数量ベース計画
・個別製品(SKU)計画

ドタイムの短縮、全体業務効率化によるローコストオペレーションの実現、キャッシュフローの改善などを目指していました。しかしながら、数量管理がうまくできても事業計画などの収支に与える影響が見えないという問題がありました。「数量」中心のオペレーションに「金額」の視点を加えたS&OP は、企業の本来の目的である事業計画達成の確度をあげるために有効です（図表 3-24）。

4 » 情報システム

◆ 全社システムと物流システム

　情報システムは、物流のみならず企業活動には不可欠です。全社のさまざまな情報システムが連携していますが、物流の関する情報システムもその1つです。

　全社システムは、大きく「戦略・企画」「計画・管理」「実行」の3つの層に分けることができます。また、これらを運用するために、社内や

外部とのネットワーク、データを蓄積するデータベースなどがあります（図表 3-25）。

「戦略・企画」は、シミュレーションなどを活用して、物流ネットワーク、拠点立地、在庫などの戦略や企画を進めます。ここではプランニング用のシミュレーションソフトウェアが使われますが、多くの場合利用頻度が低いので、利用する場合は外部サービスを活用したほうが有利です。シミュレーションは設定モデルに対する机上の検討結果なので、実行できる企画を立案するためには、諸条件を現実に合わせていく必要があります。

「計画・管理」は、販売、調達、需給の計画・管理を行う統合システム（ERP：Enterprise Resource Planning）と呼ばれています。基幹システムと呼ばれる企業経営に必要なシステムを 1 つにまとめたもので、一般的に ERP と呼ばれています。

これは、企業経営上のリソースを最適に配置して、成果を上げるためのソフトウェアですが、いろいろな定義があり導入事例も多種多様となっています。この中には、在庫基準設定や補充、配置計画などの在庫計画、実際の物流オペレーションの結果を管理することも含まれます。

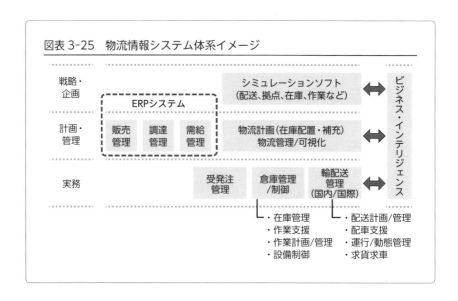

図表 3-25　物流情報システム体系イメージ

ERPでは情報が統一マスターで一元管理されるようになりますが、これらをレポートにまとめる機能があります。ビジネスインテリジェンス（BI：Business Intelligence）と呼ばれる機能で、定型業務を自動化したり、パフォーマンス状況を視覚的に把握できるダッシュボード表示をしたりすることで効率的に実績が管理できるようになっているものもあります。

また、実績をアウトプットするだけでなく、それらを分析するビジネスアナリティクス（BA：Business Analytics）の機能を持つものもあります。これを活用すれば、前記の「戦略・企画」の立案の時間短縮にもつながります。

「実行」は、実際の業務に密接した情報システムで発注や受注などのオーダー管理システム（OMS：Order Management System）や物流拠点の業務や在庫を管理する倉庫管理システム（WMS：Warehouse Management System）、輸配送を管理する輸配送管理システム（TMS：Transportation Management System）、国際物流管理するシステム（GLS：Global Logistics System）などがあります。

物流業務を委託する側から考えると、「実行」は委託先企業との連携で対応が可能なため、優先すべきは「計画・管理」のシステム整備です。

◆ ERP

ERPは、和訳すると企業資源計画です。企業全体の経営に必要なリソース情報を一元管理することで、円滑な経営判断を可能にします。ERPの概念は、生産管理の手法である資材所要量計画（MRP：Material Requirements Planning. MRPⅡ：Manufacturing Resource PlannigⅡ）を企業経営に展開したものといわれています。生産において、資源をムダなく有効活用して生産効率を高めていく考え方を、経営に応用したわけです。現在では、規模や対象領域は異なりますが、幅広い企業で導入されています。

全世界共通ですべてを一括管理するものもあれば、限られた業務（たとえば、会計、販売、生産など）で導入されている場合もあります。多

図表 3-26　ERP と WMS の関係

		分割	一括	ERP主導
在庫管理	資産管理	ERP	ERP	ERP
	現品管理	WMS		WMS

くの ERP は、パズルのように機能を追加していける形になっているた
め、まず必要なものから導入して、その後追加することが可能です。

　導入形態としては、自社サーバーでシステムを構築するものが一般
的でしたが、インターネットを通じて利用する「クラウド型」も、短期
間で導入できることから浸透してきています。

　ERP には倉庫管理の機能をモジュールとして持っているものもある
ため、実行系のシステムとしての導入も可能です。しかしながら、この
システムでは倉庫管理上の機能（たとえば、ロケーション管理など）が
不足している場合があり、業務との適合性について評価して、導入の可
否を決定します（図表 3-26）。

　また、ERP の手順に業務を合わせるのか、自社の手順に合わせて開
発するのかについても検討が必要です。オペレーションする側としては、
現在の運用に合わせてほしいところですが、そのためには開発費用が高
くなります。

　ERP で物流の機能を活用しようとする場合は、詳細の機能まで確認
し、その運用についても十分検討したうえで導入します。

◆ OMS/WMS/TMS

　実行系のシステムには、オーダーマネジメントシステム（OMS）、倉
庫管理システム（WMS）や輸配送管理システム（TMS）、国際物流管
理システム（GLS）があります。

　OMS は、文字どおりオーダーを管理するシステムです。受注したオー

ダーが、いつどこから出荷されて納品が完了したかという基本的な管理
をしますが、在庫量が受注量に対して不足している場合どのように引き
当てて出荷するなどへの対応も行います。ERP の機能を活用して行っ
ている場合もあります。

　WMS は物流センターを管理するシステムで、在庫管理機能と作業支
援機能があります。在庫管理は、在庫場所と数量がロケーション単位で
細かく管理されています。作業支援機能は、通常の入出庫作業だけでな
く、流通加工や在庫しないで積替えするだけのクロスドックの機能も支
援します。また、導入が進んでいるマテリアルハンドリング機器、自動
化機器などの管理をする倉庫制御システム（WCS：Warehouse Control
System）との連携も行います。さらに、物流センターの労働力や人時
生産性を管理するレイバーマネジメント（レイバーコントロール）の機
能を持つものもあります。このように WMS は、対象と拠点の流通段階
の位置づけの違いや扱い製品の違いなどにより、さまざまな形がありま
す。

　TMS は輸配送を管理するシステムで、配車計画と実績管理、車両の
位置管理や荷室の温度管理、貨物追跡、運転日報の自動作成などいろい
ろなものがあります。多くの場合、輸配送の実務を行なうために必要な
システムです。

　GLS は、ロジスティクスという名称がつくように、単純に国際物流
のものの動きを管理するだけでなく、たとえば特定の輸入者のために複
数の発荷主の貨物を輸入者専用のコンテナに詰め合わせるバイヤーズ・
コンソリデーションや非居住者在庫で効率化を図る VMI（Vender
Managed Inventory）への対応などの機能も含まれています。つまり、
国際物流上のさまざまな施策に対して対応できる機能をもち、その輸送
状況も管理できるシステムだといえます。

　WMS は、物流業務を委託している物流事業者のシステムと連携して
行う場合と、自社システムで物流事業者にオペレーションを委託する場
合があります（図表 3-27）。

　委託先のシステムと連携する場合は、システム連携以外の開発費など

図表 3-27　WMS 開発方法の比較

	自社開発型	物流事業者連携型
概要	WMS を荷主が開発し、自社物流拠点や物流業務委託先拠点でオペレーションに利用する形	荷主は、現品管理のシステムは開発せず、物流業務委託先の WMS と連携する形
アドバンテージ	・自社のオペレーションに沿ったシステムで運用できる	・WMS とのインターフェイス開発だけで、コストはあまりかからない ・物流事業者が自社のシステムで効率化を図る
課題	・開発費がかかる ・物流委託先事業者はシステムを活用した工夫がしにくい	・システムの使用料が発生する場合がある ・委託先を変更するときに、システム連携の調整／開発が必要になる

は不要となり、専門企業のノウハウが詰まったシステムを活用できます。これらのシステムは、物流の細かいオペレーションへの対応が可能で、マテハン機器などの連携などもスムーズです。しかし、委託先を変更する場合は、システム要件が大きな壁となる場合があります。従って経営課題と考えてシステム活用を決定することです。

　一方、自社システムを活用する場合は、委託先に関して大きな支障はないものの、自社システムに必要機能があるかを確認しなければなりません。また機能の追加には時間と資金が必要で、運用上のメンテナンスも継続的に発生します。

　物流に関連する実行系のシステムは、自社で整備する範囲と事業者に委託する範囲を検討する必要があります。

5 ›› 物流業務委託先の見直し

◆ 見直しの考え方

　物流業務の委託先については、「いつもよくやってくれるから」「長年

の付き合いだから」などの理由で継続していることが多いものです。とくに実務担当者にとっては、円滑に業務が回ることが第一ですから、このように考えがちです。委託先変更となれば、大きな労力が必要で、現在の委託先を継続起用したほうがラクで安心なのです。

しかしながら、環境が日々変化する中、物流業務も変化していきます。ある時点ではよかったやり方も、時間が経てば効率的でなくなる場合もあります。したがって業務内容はしっかりと評価し、改革や改善につなげていくことが必要です。

長年業務を受託し、業務内容をよく知っている既存委託先だからこそ、現状業務についての基準や目標値をもとに評価し、改善点を抽出し、より高度化していくという活動を進めていくべきです。また、評価は、委託先の業務活動を評価する視点と委託先の貢献度を評価する視点の両面で行います。これは、実務の結果評価と改善や緊急時対応などの評価です。

品質が悪い、サービスレベルが低い、提案がない、協力的でないなどの理由で簡単に委託先を変更したり、逆に変更のリスクばかりを考えて不十分な体制を継続したりしているようでは物流業務のレベルを上げることはできません。

委託先は安易に変更するのではなく、既存委託先の実績評価をもとにまず改革／改善に取り組み、再度評価してから検討するように考えても遅くありません。

このような取組みの結果、委託先を変更することになった場合は、従業員の雇用などを考慮し、円滑な移管を計画的に進めていきます。新規業務の委託は取り決めごとが多くて大変ですが、既存業務の委託先を変更するのはもっと大きなパワーが必要です（図表 3-28）。

委託先選定の手法にはいくつかあります。もっとも多いのは、複数の物流事業者に見積を依頼して決定する形です。輸配送など物流の一機能を委託する場合はこれでもよいのですが、輸配送と物流センター業務など複数機能をまとめて委託する場合は、見積だけではなく提案内容を比較して決定すべきです。

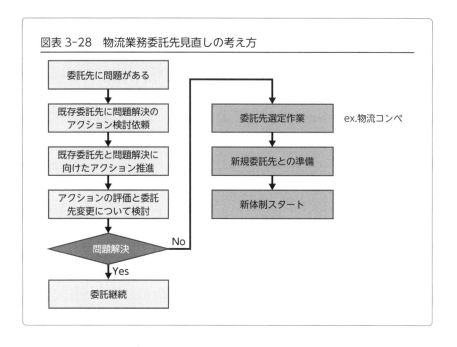

図表 3-28　物流業務委託先見直しの考え方

近年は、委託前提条件を提示して提案を依頼し、その提案内容によっ
て委託先を決定する通称「物流コンペ」が行われています。物流コンペ
は、委託条件を整理して提案を依頼するもので、競争見積ではなく、実
現可能な物流体制の提案競争と認識すべきです。また、物流やロジスティ
クス業務の委託先、すなわちパートナーを探す活動ですから、経営課題
として取り組む覚悟が求められます。

◆ 選定ステップ

物流コンペによって委託先を選定する場合、大きく「社内準備期間」
「提案依頼先絞込み期間」「パートナー選定期間」の３つの期間に分けら
れます（図表 3-29）。

「社内準備期間」では、社内プロジェクト編成、現状分析、委託範囲
／内容の決定を行います。現状が把握されていない場合は、この期間が
さらに必要となります。この期間でしっかり足元を固めることが良い結
果につながるので、急がず着実に進めることが重要です。

図表 3-29　物流コンペのステップ

	社内準備期間 3〜4ヵ月	提案依頼期間 2〜3ヵ月	選考期間 4〜5ヵ月
1　社内プロジェクト編成			
2　現状分析			
3　委託範囲／内容の決定			
4　提案依頼先の選定			
5　RFI の作成と提案依頼			
6　RFP の作成と提案依頼			
7　Q&A			
8　プレゼンテーション			
9　一次選考			
10　二次選考			
11　プロジェクトとしての最終選考			
12　経営からの承認			

「提案依頼先絞込み期間」では、提案依頼先をリストアップし、情報提供依頼書（RFI：Request for Information）作成して提案を依頼し、依頼先の企業情報を入手します。また、RFI による情報入手を進めるのと並行して、提案依頼書（RFP：Request for Proposal）を作成します。RFP は文字どおりどのような提案をしてほしいかを整理した書類です。

最後は「パートナー選定期間」です。この期間に、RFP による提案依頼を行うとともに、その内容に対する質疑応答を行います。提案では、提案書を提出するとともにプレゼンテーションをしてもらい、これをもとに委託先の絞込みを行います。その後、第二次選考として、提案事業者の現場にも訪問し、最終選考を行います。ここでは納得するまで、十分に委託先の提案内容や実力などを確認することが重要で、ここでも急がず着実に進める必要があります。

この結果をもとに経営からの承認を得て、物流コンペは終了となります。このように物流コンペは、準備期間を含めると時間がかかる活動です。

◆ 提案会社の評価と委託先決定

　委託先は物流コンペの提案を評価して決定しますが、そのためには事前に評価項目や基準を決めておきます。

　物流コンペにおいて、RFPで提案をもらった段階で評価します。

①第1段階：プレゼンテーション

　その第1段階は、プレゼンテーションの場面です。提案を事前に提出してもらい、内容を十分理解したうえでプレゼンテーションをもとに評価します。その評価のために評価表では、会社自体としての評価、実務面の評価などを項目として盛り込みます。

　会社全体の評価としては、事業範囲や安全・品質・コンプライアンス・セキュリティなどとともに改善取組み事例を評価します。合わせて提案に参加したメンバーやその話し方などから、今回の取組みに対する熱意なども評価対象とします。

　実業務面の評価としては、実務が確実にできるかどうか、要求している内容やコストが実現できるかという点から評価します。また、既存委託先にも提案してもらうときは、業務を理解していることから貢献度／実績評価のような評価項目も含めたほうがよいでしょう。

　これらの項目が整理できたら、項目間のウェイト付けを行います。RFPに記載した期待する提案内容に合うような配分にします。ここは、選定する側の考えで変わりますが、コストだけで選ばないことが重要です。

②第2段階：追加提案と現場視察

　第2段階は、追加提案と現場視察の場面です。ここでは、最終的に委託候補先企業の総合力を評価します。具体的には「提案力」「運営力」「情報システム力」「信用力」などについて再度評価します。

　「提案力」では、依頼した内容の提案がされているか、前提条件を変えた提案がされているかなどを確認します。決められたことしかできない委託先では、実務をスタートしてもよい改善提案が受けられない可能性があるからです。

　「運営力」では、サービス内容／レベルと料金は見合っているかを確認します。異常に料金が安いときは、その理由を十分に確認します。受注するための安い提案をしてくる事業者もあります。安いからといって委託したものの、その後値上げされて結局高くついたなどということも起こりえます。提案されている料金がサービス内容と比べて適正かどうか、判断する目を持つことが必要です。

　「情報システム力」では、自社システムとの接続や運営上の連携がうまくいくかなどを確認します。現在は情報システムがうまく稼動しなければ業務はできない時代です。提案されている情報システム整備内容や期間が適正かどうかについて判断します。

　「信用力」では、長期にわたってパートナーとしてやっていけるか、社風はどうかなどを確認します。いったん委託したら、コストと手間を考えるとすぐに委託先を変えるのは現実的でないからです。

　ここでも評価表を準備して、評価を行います。会社間にも相性があるので社風の違いも考慮し、委託先としてふさわしいかどうかを十分検討して最終決定します（図表3-30）。

◆ 決定後のアクション

　委託先が決定すれば、ここからスタートです。新規委託先、既存委託先に関係なく、実行に向けたいろいろな作業を進めていきます。とくに新規委託先とは、最初に新体制スタートに向けたプロジェクトチームなどを両社で結成し、検討を進めると有効です。

　プロジェクトでは、全体のスケジュールを管理し、節目では経営層に対する中間報告を行います。また、情報システム開発には時間がかかるため、とくにスケジュール管理が重要です。

　業務委託先を変更するときは、体制を見直すときでもあります。それに合わせていろいろな項目についても見直していく良いチャンスです。スタート後も、委託先にまかせっきりにする、いわゆる「丸投げ」ではなく、しっかりと管理や評価を継続します。

　委託先はパートナーとして意識し、コミュニケーションを十分に取り、

図表 3-30　評価表の例

一次評価表

					1	…

企業名

区分	No.	評価項目	評価概略	ウェイト	評価点	得点
会社自体	1	事業範囲				
	2	安全・品質・コンプライアンス・セキュリティ				
	3	改善取組み事例				
	4	取組み姿勢				
実業務面	5	物流センター運営能力				
	6	リードタイム／輸送能力				
	7	コスト				
	8	コミュニケーション体制				
	9	サービス対応力				
	10	貢献度／実績評価				
合計点						

二次評価表

				1	…

企業名

No.	評価項目	内容	ウェイト	評価点	得点
1	提案力				
2	運営力				
3	情報システム力				
4	信用力				
5	企業文化				
合計点					

良い関係を維持するようにします。それが安定的に良い体制を維持向上させるためのポイントです。そのためには、双方で担当を明確にし、定期的にミーティングを開催する活動を行います。

　まず、双方で役職レベルの組織をつくります。もっとも上位は経営層、次に管理層、日々の業務を行う実務層の3段階程度の組織にします。それぞれのメンバーを決め、組織表にまとめます。

　会議も3段階で設定します。経営層とは半期や四半期に1回程度の会

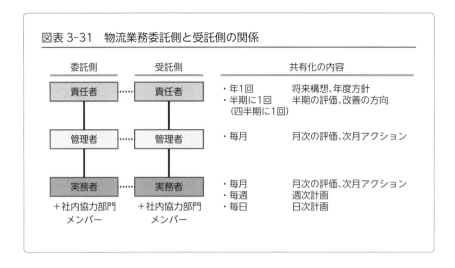

図表 3-31　物流業務委託側と受託側の関係

委託側	受託側	共有化の内容	
責任者 ····· 責任者		・年1回 ・半期に1回 　（四半期に1回）	将来構想、年度方針 半期の評価、改善の方向
管理者 ····· 管理者		・毎月	月次の評価、次月アクション
実務者 ····· 実務者 ＋社内協力部門 メンバー	＋社内協力部門 メンバー	・毎月 ・毎週 ・毎日	月次の評価、次月アクション 週次計画 日次計画

議を開催し、評価指標に基づく半期の結果、委託先に対する評価結果などの報告と、次期の計画やアクションなどについて議論します。また、年次では次年度の戦略などについて共有化します。

　管理層のミーティングは毎月開催し、前月の振返りをします。ここで評価指標が目標に達していない場合は、その原因について分析するとともに、次月の計画や改善のアクションについて議論します。

　実務層は、必要となる都度ミーティングを行います。また、業務を効率的に進めるための情報システムの担当なども必要の都度会議に参加してもらいます（図表3-31）。

　このように、荷主と委託先が良い緊張感の中で毎年業務を進化させながら、契約が長く続き、パートナーシップを熟成できたとき初めて委託先変更が成功したといえます。その成功への道の第一歩が最適な委託先選定ですから、その重要性を十分理解しておきましょう。

◆ 契約書の整備

　物流業務を委託するには、契約が大前提です。業務の規模が大きければ大きいほどその内容も多岐にわたり、ボリュームが増えていきます。契約書のひな形と呼ばれるものは、なかなか手に入らないもので、とく

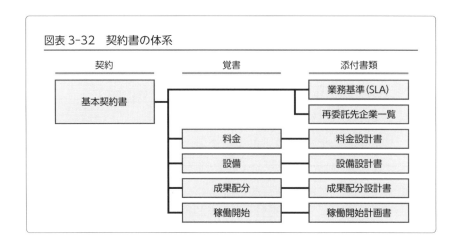

図表 3-32 契約書の体系

契約	覚書	添付書類
基本契約書		業務基準(SLA)
		再委託先企業一覧
	料金	料金設計書
	設備	設備設計書
	成果配分	成果配分設計書
	稼働開始	稼働開始計画書

に物流は内容が多岐にわたるためなおさらです。

　契約書案の作成に当たっては、すでにある契約書の内容を整理していくのが近道です。また、物流管理など実際の業務以外も含めて委託する場合は、国土交通省の「3PL契約書ガイドライン」を参考に内容を確認するとよいでしょう。

　また、契約書は、体系立てて作成します。たとえば、運賃や料金のように、変更が予想される項目については覚書にして、契約書自体を都度変更しないように工夫します（図表3-32）。

　このように契約書を業務に合わせて整備することが重要です。

◆ 契約内容の工夫

　契約書自体の整備はもちろんのこと、もう1つ大切なのは、契約により効率化が進むような形にすることです。効率化の意欲が増すようなゲインシェアリング（効率化ができたら効果を分け合うこと）や料金の取決めを工夫することで、効率化を促進することが可能です。

　物流事業者にとっては、効率化への提案は自社の売上げや利益の減少につながることが多いので、積極的に提案しないことがよくあります。よく「委託している物流事業者から提案がない」という声を耳にしますが、このような背景があるのです。ゲインシェアリングを行うことを明

記し、効率化の成果が自社にも配分されるとなると効率化に対する意欲が高くなり、提案は増えてくるはずです。

日本ではあまりなじみがありませんが、料金体系を今までの「マージン方式」から「フィー方式」にするアイデアもあります（図表3-33）。

「マージン方式」は、従来からの物流業務委託のように、コストと利益を一緒に支払う方式です。この場合、支払った金額の内訳はわかりません。この方式では、委託業務量に応じて原価にかかわりなく支払い額が明確になります。この方式は物流事業者にとって、効率化が利益を減らす方向に働くため、本来の改善による効率化が進みづらくなります。

一方「フィー方式」は、原価に管理料をプラスして支払う方式です。この方式では、原価をガラス張りにしているので、効率化による支払額減少は物流事業者に影響を与えず、効率化の推進が期待できます。しかし、原価の変動に対して管理が必要だという課題もあります。

また、荷主側から効率化を進める工夫として、特殊な委託内容に特別料金を設定し、営業担当の評価につながるような仕掛けをすると有効です。たとえば、納品の時間指定のオーダーが多くて効率化が進まない場合、納品時間指定オーダー1件につき料金を設定し、この費用負担を営業担当にします。営業担当は費用負担をできるだけ減らしたいので、納品時間指定緩和の交渉を進めます。物流事業者は、納品時間指定が減れ

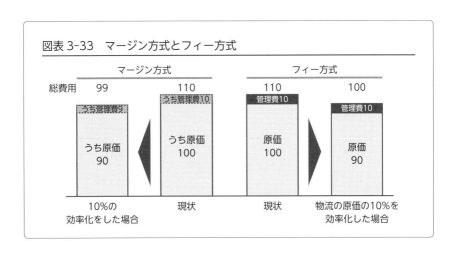

図表3-33　マージン方式とフィー方式

ば売上が減ることになりますが、配送効率はあがるのでコストが削減されます。

このように契約の中に効率化が進む要素を入れることが重要です。

6 » 人材

◆ 改革／改善推進力

物流の戦略が策定でき、企画も管理もできる、国内のみならず国際物流にも詳しいといったように幅広い範囲を担当できる人材がいるに越したことはありませんが、現実にはそのような人材は見当たりません。物流の範囲は広いので、そうした人材を育成するのは難しく、時間もかかります。日々の物流業務ではさまざまな問題が発生し、それらを解決していくことが求められるため、まず改革／改善を推進できる人材を育成します。そのためには、「知識」「技能」「人間力」の向上から育成を進めます（図表3-34）。

「知識」は、改革／改善を進めるためのいろいろな知識です。知識は多いに越したことはありませんが、どこにあるかを知ることも重要です。知識のあるところを知っていれば、必要なときにそこから知識を得ることができるからです。近年は時代の流れが速く、更新されることも多い

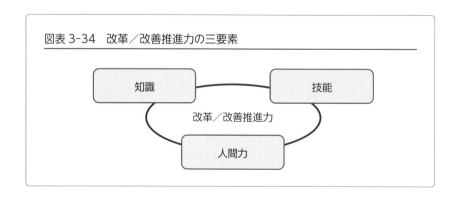

図表3-34　改革／改善推進力の三要素

知識　　技能

改革／改善推進力

人間力

ので、アンテナを張って最新の知識が得られるよう準備しておきます。

「技能」は、改革／改善推進を進める力のことです。どれだけ知識があっても、実行できなければ意味がありません。この力を付けるには、最初は指導を受けながら基本を学び、多くの経験を積むことです。

「人間力」は、少し観点が異なります。改革／改善推進の知識があり、実行できる力があっても、それをメンバーが受け入れてともに活動する環境がなければ実現はできず、また継続もされません。人間力とは、そのような環境をつくる力のことです。そのためには、高いレベルの知識や技能を持つように自ら研鑽するマインドを持つことも含まれています。「意識が高い人」といわれるように、前向きにそして積極的に物事に当たることができる人です。

このように、改革／改善推進力を持った人材育成から始めることが有効です。

◆ プレゼンテーション力

プレゼンテーションというと、大衆の前で話すことをイメージしますが、営業の場面で顧客に対して行う説明や上司に報告することも含めて、幅広いものととらえます。言い換えると、許された時間内に、伝えたい相手に、効果的に行うコミュニケーション活動の１つといえます。

プレゼンテーションの成功は、考えが伝わり、正しく理解してもらい、納得の上で行動に移ったときです（図表3-35）。たとえば、多くの聴衆の前でプレゼンテーションするとき、壇上で話したことを聴衆が理解し、納得し、自分の職場でその内容を実践した場合です。いくらこちらの考

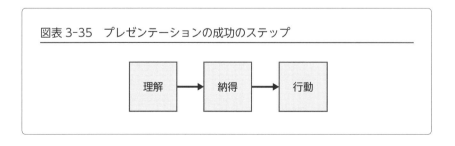

図表 3-35　プレゼンテーションの成功のステップ

理解　→　納得　→　行動

えや思いが伝わっても、アクションにつながらなければ成功とはいえません。自分が伝えたいことだけを説明し、相手が聞きたいことは説明していないという場合も多く見受けられます。この様な場合は、理解も得られていないので、プレゼンテーションとしては不十分です。アクションにつなげてもらうには、相手の立場に立ち、相手の知りたいことについて伝えて、理解してもらうことが重要です。

この力を付けるためには、改革／改善推進力アップと同様に「知識」「技能」「人間力」です。プレゼンテーションに関する知識を持つこと、そして実践できることです。知識は学習でつけることができますが、実践はやはり経験です。ただ経験をすれば身に付くものではなく、毎回自らのテーマをもって行い、評価していくことでより早く高いレベルにたどり着けます。

十分に準備をしたプレゼンテーションは、自信にあふれていて、相手に好感を与えることにつながります。逆に準備不足で不安が残るような場合は、どこかにそれが出てしまいます。いくら「はったり」が効くからといっても見破られてしまうので、手を抜かずに準備するという地道な考え方をもつことが重要です。

◆ 資料作成力（ドキュメント力）

ビジネスでは、説明や提案を効果的に進めるために書類や提案書を活用します。よりよい成果を上げるためには、資料作成力が必要です。

ひと言に資料といっても、提案書タイプ、プレゼンテーションタイプというようにタイプによって資料の特性は異なります。提案書タイプは、それだけで内容がわかることが重要で、ていねいに内容が記載されています。一方プレゼンテーションタイプは、説明を聞いていない人にとっては、それだけで十分に理解するのは難しいかもしれませんが、プレゼンテーションを受けた人にとっては話のポイントだけが書かれていて、とても有効な資料です。

どちらがよいというのではなく、場面に合わせてどのようなタイプの資料が必要かを考えて準備をします。たとえば、物流業務の委託先選定

などでは提案タイプの資料でプレゼンテーションすることが多いのですが、プレゼンテーション用も合わせて準備するか、両方の要素を兼ね備えた資料を準備すべきです。これは、受け手の社内での意思決定に必要だからです。

資料作成の流れは、「ストーリーの作成」「インデックス作成」「手書きスライド（原稿）作成」「スライドの電子化」「全体構成の確認」となります（図表3-36）。

中でも重要なのは、ストーリーの作成です。流れるようなストーリーの小説は読者を引き込みますが、流れるようなプレゼンテーション資料は聞き手を引き込み、理解・納得・行動の目的達成に近づけてくれます。流れるようなストーリーこそが、聞く側にとって理解しやすいポイントなのです。

この資料作成力アップには、「知識」「技能」の両面が必要ですが、その基礎にあるのは「ロジカルシンキング」です。MECE（Mutually Exclusive, Collectively Exhaustive、ミーシー：モレなく、ダブりなく）

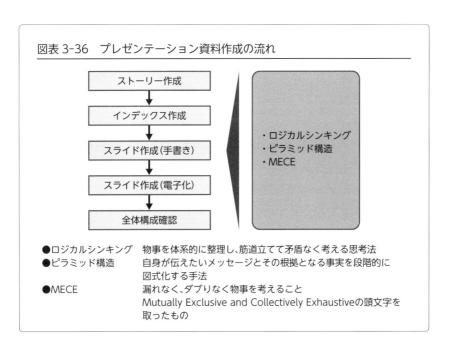

図表 3-36　プレゼンテーション資料作成の流れ

ストーリー作成
↓
インデックス作成
↓
スライド作成（手書き）
↓
スライド作成（電子化）
↓
全体構成確認

・ロジカルシンキング
・ピラミッド構造
・MECE

●ロジカルシンキング　物事を体系的に整理し、筋道立てて矛盾なく考える思考法
●ピラミッド構造　　　自身が伝えたいメッセージとその根拠となる事実を段階的に図式化する手法
●MECE　　　　　　　漏れなく、ダブりなく物事を考えること
　　　　　　　　　　　Mutually Exclusive and Collectively Exhaustiveの頭文字を取ったもの

とピラミッド構造（物事を構造的に分解して捉えること）を意識して、資料を作成します。たとえば、説明のために3つのポイントを並べた場合、その項目がMECEかどうかを確認することが第一歩です。

また、資料全体が構造的に作成されているかどうかは、目次を見て確認します。目次にストーリーが見えれば、理解しやすい資料といってよいでしょう。詰まるところがあれば、その点を見直すことです。

このように構造的につくられている資料は、理解しやすいものです。

◆ 外部活用の考え方

物流に限らず、人材育成には時間がかかります。「人材」ではなく「人財」と呼んでいる企業もあるぐらいです。

とくに物流は範囲が広く、すべてを1人で担当することは難しいため、多彩な人材をそろえてチームをつくることが有効です。組織ですからマネジメントをする管理職も必要ですが、管理職もその一専門家として、一プレーヤーとして、課題解決に向かう形が効果的です。

それでも不足するノウハウや工数は、外部を活用して補完します。ソフトウェア会社や物流機器のメーカーなどの協力を受けながら高度化の検討を進めれば、自社の工数不足を補えます。注意すべきは、提案が自社にとって最適かどうかを判断することです。提案する側は製品を販売する営業活動ですが、それが自社にとって最適ではない可能性もあるからです。

これらを中立の立場で支援してくれるのがコンサルティング会社です。自社の最適な解決策を示してくれますが、そのための費用がかかります。コンサルティングを受けた経験がないと活用がむずかしいと考えてしまいがちですが、まず話をきいてみることです。

コンサルティングには、「検討型」「指導型」「情報提供型」の3つのタイプがあります。自社の工数が不足しているときは、検討も依頼できる「検討型」、工数はあるが進め方がわからないときは「指導型」、他社の情報などを知りたいときは「情報提供型」のように使い分けることです（図表3-37）。

図表 3-37 物流コンサルティングのタイプ

	検討型	指導型	情報提供型
概要	・データ分析など検討業務も依頼する形	・進め方の指導に沿って、自社で分析などを行う形	・市況や他社など自社で入手しづらい情報を提供してもらう形
アドバンテージ	・自社工数が少なくても、検討を進めることができる	・自社で分析などを行い、進め方の指導も受けるため、推進ノウハウが残る	・入手が難しい情報を提供してくれる
注意点	・ノウハウがあまり残らない ・委託費用が高くなる	・自社工数確保が必要 ・メンバーの負荷を考えると推進スケジュールが長くなる場合もある	・検討の推進は自社で行う必要がある ・物流のわかる調査会社でもできる場合もある

　自社で不足するノウハウや工数を補完するために外部のリソースを活用する場合は、自社が補いたいものについて明確にし、その形にあった支援をしてくれる依頼先を選定することがポイントです。

◆ 物流コンサルティング会社の選定

　コンサルティング会社にはさまざまな特徴があり、物流のどの場面でどのような会社を使うべきかをよく考えなければなりません（図表3-38）。

　物流戦略の立案であれば、物流コンサルティング会社だけでなく、経営コンサルティング会社も対象となります。一方、現場改善などでは、物流コンサルティング会社の中でも現場ノウハウのある会社がよいでしょう。

　ここで注意すべきは、戦略を策定し、企画を立案し、実行に移す場合です。戦略を策定する場合は、大きな観点からどちらに進むべきかを考えます。一方実行に移す段階では、細かなデータや発生するイレギュラー業務など多くの情報が必要となります。戦略立案の際に全体の流れが考慮できていなければ、企画や実行段階で調査や検討が再度必要となります。また、数字の整合性が取れないということも起こる可能性があり、

図表 3-38 物流コンサルティング会社選定のパターン

		検討対象領域			注意すべき点
		戦略	企画・管理	実務	
コンサルティング会社の強み領域	戦略	◎	○	△	・戦略コンサルティング会社でもよい ・戦略から実務まで依頼するときは、実力を評価することが必要
	企画	○	◎	○	・戦略から実務まで依頼する計画があるときは、有力候補として考える
	実務	△	○	◎	・戦略立案から依頼する場合は、実力評価が必要

このような内容では経営者は判断できず、進捗が遅くなってしまいます。

つまり、物流コンサルティングを依頼するときには、提案内容、実力やルーツなどから実現可能なプランがアウトプットできる、いわゆる「実行できるコンサルティング会社」かどうかを見極めることが重要です。

第 **4** 章

物流管理の推進

　この章では、物流管理について取りあげます。日々行われる物流業務の管理の考え方や安全やQCDをはじめとするポイントについて取りあげます。また、物流管理で重要となる指標管理（KPI管理）について、その考え方や体系について取りあげるとともに、具体的な導入方法や荷主と物流事業者間での活用など幅広く取りあげます。

1 » 物流管理の考え方

◆ 管理の進め方

　管理とは、計画を立てて実行し、結果を確認して改善する、すなわち
PDCA（Plan-Do-Check-Act）を回すことです。物流管理は物流の領域
でのPDCAを回すことであり、対象をロジスティクス領域とすると、
ロジスティクス管理となります。

　一般に、物流管理というと日々のオペレーションの管理を思い浮かべ
がちですが、戦略を立案し、企画を推進し、実務を実施するという段階
を考えると、戦略や企画の推進についても管理する必要があります。大
きく見ると、戦略は中期、企画は短期、実務は日々というように対象期
間が異なることも特徴です（図表4-1）。

　したがって戦略や企画は、当初の計画をもとに実施している場合は、
その達成状況の管理が主となります。一方、日々の実務管理については、
問題点があればすぐに改善を進める短期間の管理が必要です。これは、
管理のサイクルが短いほど早く問題点に手を打つことができて、異常な
状態を短くできるからです。

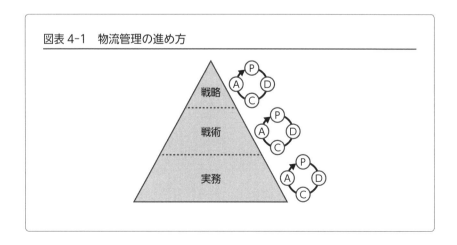

図表 4-1　物流管理の進め方

物流管理では、管理対象ごとにサイクルを設定し、定期的に継続して行います。

◆ 管理のポイント

物流オペレーションの管理のキーワードは、図表4-2に示す8項目です。

一般に品質管理などでいわれる QCD を基本とし、SME を付け加えている説明がありますが、物流では安全が一番と考えるべきです。また、価格やコストに生産性を含めている場合もありますが、生産性は重要な項目なので分けて管理します。

①安全（Safety）

いまさらいうまでもなく何よりも優先されるので、管理も確実に行います。とくに大切なのは、危険・事故を未然に防いで発生させないことです（別項参照）。

②品質（Quality）

取り決めた物流サービスレベル、とくに精度に注目して管理します。たとえば誤出荷率では、基準値と比べて上回ったか、下回ったかで評価します。

③コスト／価格（Cost）

管理会計を導入して詳細に把握し、さまざまな見方に対応できるような基礎データを作成する必要があります。コストの見方には、自家物流費と支払い物流費といった費用発生区分別、販売物流などの物流領域別、輸配送費などの物流機能別などいろいろあるからです。また、コストを

図表 4-2　物流管理のポイント

①	S：安全(Safety)	⑤	P：生産性(Productivity)
②	Q：品質(Quality)	⑥	M：士気や人間関係(Morale)
③	C：コスト／価格(Cost)	⑦	E：環境(Environment)
④	D：納期(Delivery)	⑧	R：リスク(Risk)

細分化して把握すれば、物流活動基準原価計算（物流 ABC）によって改善につなげることができます。

　また、評価のためには基準となるものが必要ですが、大きな指標としては、公益社団法人 日本ロジスティクスシステム協会から売上高物流費比率の統計が毎年出されているので、これを活用します。詳細には市況料金などの情報も必要になります。

④納期（Delivery）

　もっとも基本的な項目の1つです。いくらコストが安くて、品質が高くても、必要なタイミングに必要な量が納品されなければ価値がないからです。

⑤生産性（Productivity）

　費用生産性と作業生産性に分けて把握します。費用生産性は価格やコストなどの要因が入ったもので経営的ですが、物流実業務の担当者にとっては、自身の業務の作業生産性こそが評価されるべきだからです。

⑥士気や人間関係（Morale）

　管理という言葉にそぐわないかもしれませんが、生産性向上や改善推進などにおいては、やる気があるかどうか、周りの人と一緒に協力して推進できるかどうかによって成果は異なってくるので必要な項目です。従業員1人ひとりの価値観は多種多様ですが、それらのメンバーを束ねて目標に向かって邁進しなければなりません。そのための基礎的な環境づくりやモチベーションの維持向上という面で必要です。

⑦環境（Environment）

　物流自体が道路などの公共の場所や施設を利用して行われるため、意識して取り組まなければならない項目です。排気ガスなどのように温室効果ガスの排出抑制という観点もありますが、循環型社会に向けた廃棄物の発生抑制（リデュース：Reduce）、再使用（リユース：Reuse）、再資源化（リサイクル：Recycle）の3Rの観点も必要です。また、化学品を取り扱う場合などは、安全などと合わせて管理します。さらに、一定規模以上の特定荷主、特定輸送事業者に該当する場合は、年次の報告書提出が義務付けられているので、このための管理も必要となります。

⑧リスク（Risk）

　近年とくに注目すべきポイントです。事故や労働災害、火災、情報システムのトラブル、自然災害などにより、物的や人的な被害、経営上の被害などを受ける場合があります。保険により損害をカバーするという施策を取っているところも多いのですが、未然に防ぐこと、起こったときにどのように対処するかという観点からの準備が必要です。

　とくに自然災害はどこまで準備し、日常どこまで投資しておくかという観点では経営的な判断が必要です。そのためにも、事業継続計画（BCP: Business Continuity Planning）を策定します。BCPとは、災害発生時に事業資産の損害を最小限にし、早期復旧するために、平常時に行うべき活動や緊急時における事業継続のための方法、手段などを取り決めておく計画のことです。

　物流オペレーションの管理は、すべてを均一に管理するのではなく、重点管理ポイントを決めることが必要です。

◆ 安全管理

　安全はすべてに優先します。そこで安全に対しては、管理でも優先して行わなければなりません。

　管理の基本は、一般的に使われている労働災害率を表す「度数率」「強度率」が指標となります。ゼロが当然求められますが、できるだけそれに近づけるようにさまざまな施策を行っていく必要があります（図表4-3）。

　災害（受けた傷など）は、事故（原因となった事象）が起こることによって起こります。たとえば、転倒事故が骨折という災害につながるわけです。事故を起こさないためには、その原因を把握しなければなりませんが、原因には「不安全行動」や「不安全状態」があります。事故を防ぐには、その原因をさらに分析し、根本原因を把握することが必要です（図表4-4）。

　事故はすべてが災害につながるとは限りませんが、その陰に隠れている「ヒヤリ」とした場面があります。ハインリッヒの法則では、1件の重傷には、29件の負傷があり、300件の負傷に至らなかったヒヤリとし

●度数率

100万延労働時間当たりの労働災害による死傷者数をもって、労働災害の頻度を表すもの

$$度数率 = \frac{労働災害による死傷者数}{延実労働時間数} \times 1{,}000{,}000$$

●強度率

1,000延労働時間当たりの労働損失日数をもって、災害の重さの程度を表したもの

$$強度率 = \frac{延労働損失日数}{延実労働時間数} \times 1{,}000$$

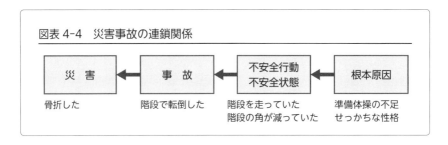

図表 4-4　災害事故の連鎖関係

| 災　害 | ← | 事　故 | ← | 不安全行動
不安全状態 | ← | 根本原因 |
| 骨折した | | 階段で転倒した | | 階段を走っていた
階段の角が減っていた | | 準備体操の不足
せっかちな性格 |

たことが発生しているとなっています。このようなことが発生しないような施策を進める必要があります。たとえば、職場の整理、整頓や、安全な作業の標準化を図ることもあります。また、危険予知活動（KY活動）やヒヤリ・ハット・キガカリ活動（HHK活動）を行い、危険に対する感度を上げることも必要です。このように、物流現場に対しては安全に対する意識や感度の向上、そして何よりも事故を起こさないための原理・原則を守ることを徹底して実践します。

　また、安全管理という側面で見ると、リスクとなりうる要素を事前に抽出し、排除や軽減のための対策を講じる積極的な活動も重要です。

　物流は、人間がつくり出すサービスですから、安全管理には力を入れるようにしてください。

◆ データや情報の収集と活用

　物流管理には、データや関連する情報が必要です。そのデータや情報の整理活用については、DIKW モデルといわれる手法をもとに考えるとわかりやすくなります。

　DIKW モデルとは、ナレッジマネジメントや情報システムの分野で使われる考え方です。さまざまなデータや情報を整理し活用するために、
①データ（Data）
②インフォメーション（Information）
③知識（Knowledge）
④知恵（Wisdom）
に分類して考えることであり、その頭文字を取って DIKW モデルと呼んでいます（図表 4-5）。

①データ（Data）

　いわゆる生データと呼ばれるもので、物流でいうとコンピュータ上にある出荷指図などのデータを指します。その他には、定量的ではない情報もここに含まれます。データは、それだけでは何の意味も持ちません。

②インフォメーション（Information）

　一般にいわれる「データ分析」のように、情報を何らかの基準で整理したものです。物流でいうと月別出荷物量などの事実として整理したものを指します。物流改善などを検討をする際には必ず行われるものです。

③知識（Knowledge）

　インフォメーションから導き出される規則性や傾向などのことです。

図表 4-5　物流管理と DIKW モデル

データ（Data）→ 情報（Information）→ 知識（Knowledge）→ 知恵（Wisdom）

出荷指図データ　　月別出荷実績　　12月は平均の○○%増　　物量増への準備は11月から

物流でいうと「12月は平均の○○％増の物量となる」というように、実績の数値から導かれる傾向のことです。

④知恵（Wisdom）

人がKnowledgeを活用して判断したことです。先ほどの例に当てはめると「12月は物量が増加するので、準備は11月から行う」というようなことになります。

このDIKWモデル自体は、情報工学の分野では古くからある概念です。ICT技術の進歩と低廉化は、ビッグデータなど大量のデータから知恵を導くことにつながります。

このように、物流管理においてもデータや情報を整理し、傾向や問題点などを抽出して、改善につなげる必要があります。しかしながら、問題が起こってからではなく、起こりそうな点を見つける、もしくは問題点を発生させないように先に手を打つといった積極的なアクションにつなげていくことが求められます。

物流に関するデータは非常に多く、また多岐にわたるため、整理して活用する必要があります。

2 » KPI 管理

◆ KPI管理の基本的な考え方

KPI（Key Performance Indicator）とは、重要業績評価指標のことです。物流に限らず、評価指標はビジネス上の目標の達成状況を示します。たとえば、人事面で採用者数の達成率を指標とすれば、採用目標に対し現在の採用状況が見ることができます。また、商品販売で顧客の1人当たり購買単価を指標とし、目標を○％アップとすると、それを達成するために取った施策が効果的であったかを評価できます。このように、企業経営のいろいろな面で活用できます。

この体系を、バランストスコアカードにある4つの視点で考えると、

理解がしやすくなります（図表4-6）。

①財務

企業業績の目標達成のためのすべき行動のことで、代表的な指標としては、売上高、利益率、利益額などの損益計算書の指標や、自己資本比率などの貸借対照表の指標などです。

②顧客

企業目標達成のための顧客に対する行動のことで、代表的な指標としては、顧客満足度や顧客当たり売上高があります。物流面では、短納期の実現などの指標になります。

③業務プロセス

財務の目標や顧客に対する目標を達成するために業務プロセスを整備し、運用することを対象としています。

物流のKPIでは、ここを中心に整備されていることが多いのですが、その他の視点を合わせて体系的に整備します。

④学習と成長

前記3点の目標を達成するための、組織や個人の能力向上に対する行動のことです。代表的な指標としては、社員定着率、従業員満足度など

図表4-6　バランストスコアカードとKPI

財　務	企業業績の目標達成のためのすべき行動のこと 例：売上高、利益率、利益額など
顧客サービス	企業目標達成のための顧客に対する行動のこと 例：顧客満足度
業務プロセス	財務や顧客サービスの目標を達成するための業務プロセスを整備運用すること 物流のKPIではここを中心に整備されている
学習と成長	前記3点の目標を達成するための組織や個人の能力向上に対する行動のこと 例：社員定着率

があげられます。

　これらの指標は、経営者は経営面で、管理者は担当する部門の経営面と実務全体で、実務者は実務面の詳細での活用が中心となります。物流面ではどうしても「業務プロセス」に注目しがちですが、企業活動全体において指標の活用が重要です。

　もう1つ重要なことは、指標は目標に対する達成状況や達成した目標レベルが維持されているかを把握するためにあるということです。指標はその管理が中心ではなく、その目標を達成するアクションプランを作成し、進捗管理を行いながら着実に進め、効果が出ているかを把握するためにあります。これらの KPI は、企業活動のいろいろな場面で活用することができますが、それをもとにアクションにつなげていくことが重要です。

◆ KPIの体系

　企業は最終的に業績を上げることを求められますが、その目標は重要目標達成指標（KGI：Key Goal Indicator）と呼ばれています。この達成のために KPI を設定して、取組の達成状況を把握していきます。さらに、KPI の下位の指標として PI（Performance Indicator）があり、KPI の変化に対して、さらにその詳細を知るために必要な指標となります。また、PI の変化でどの業務プロセスに注目すべきかをわかるようにするため、PI は業務プロセスとリンクするように体系を考えて設定します。

　物流面でよく見受けられるのは、業務プロセス中心にさまざまな KPI を設定してはいても、体系立っていない場合、プロセスまでリンクしていない場合が多いことです。指標管理ができても、アクションにつながらなければ何の意味もありません。

　KPI の体系は、KGI → KPI → PI という階層になりますが、KGI を達成するために設定すべき KPI は、達成のための重要な要因を抽出すると設定が容易になります。この重要な要因のことを、重要成功要因（KFS：Key Factor for Success）といいます。この要因は、戦略立案

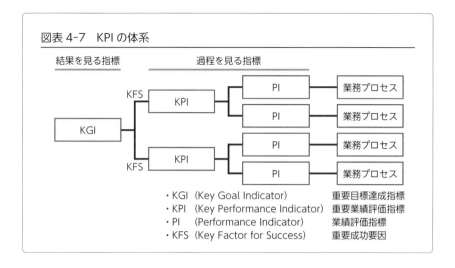

図表 4-7　KPI の体系

結果を見る指標　　　　　　過程を見る指標

KFS　KPI　PI　業務プロセス

PI　業務プロセス

KGI

KFS　KPI　PI　業務プロセス

PI　業務プロセス

・KGI　(Key Goal Indicator)　　　　　　重要目標達成指標
・KPI　(Key Performance Indicator)　重要業績評価指標
・PI　　(Performance Indicator)　　　　業績評価指標
・KFS　(Key Factor for Success)　　　重要成功要因

の中で抽出されているものですので、それらをもとに体系を作成するの
が近道です（図表 4-7）。

◆ KPI管理の導入

KPI 管理を導入するステップは、以下の 6 つです（図表 4-8）。

① KGI の設定

財務的な側面の経営目標を明確にし、設定します。物流という範囲で
はなく、全社レベルの目標です。

② KFS の抽出

KGI の達成のために物流面に関わる要因を抽出します。会社の戦略
立案の中に含まれているので、その中から抽出します。たとえば、KGI
が通信販売の売上拡大で、物流面では短納期の実現が KFS として抽出
されます。

③ KPI ／ PI の設定

KFS から KPI の項目を抽出し、さらにその下位指標と業務プロセス
まで体系づけて設定します。先の例では、短納期の実現のためには、納
品リードタイムの短縮という課題が設定され、その施策として、物流セ
ンター出荷作業の時間短縮、配送リードタイムの短縮などがあげられま

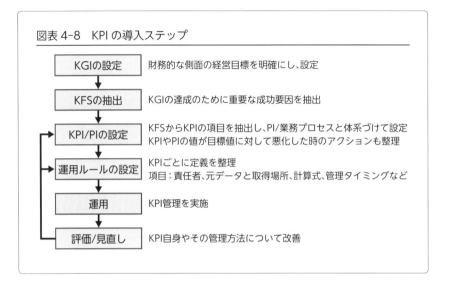

図表 4-8　KPI の導入ステップ

KGIの設定	財務的な側面の経営目標を明確にし、設定
KFSの抽出	KGIの達成のために重要な成功要因を抽出
KPI/PIの設定	KFSからKPIの項目を抽出し、PI/業務プロセスと体系づけて設定 KPIやPIの値が目標値に対して悪化した時のアクションも整理
運用ルールの設定	KPIごとに定義を整理 項目：責任者、元データと取得場所、計算式、管理タイミングなど
運用	KPI管理を実施
評価/見直し	KPI自身やその管理方法について改善

す。物流センター出荷作業の時間短縮では、ピッキング作業時間、梱包作業時間、出荷準備作業時間などの作業時間の構成で分解し、それぞれの PI を設定します。合わせて、KPI や PI の値が目標値に対して悪化したときのアクションについても、さまざまな場合を考えて複数整理しておくと、いざというときの対応がすぐにできて有効です。

④運用ルールの設定

　KPI ごとに管理する責任者だけでなく、元となるデータやその取得場所、KPI の計算式、その管理タイミングと共有する方法なども同時に整理して設定します。KPI 定義書のような一覧表に整理しておくとよいでしょう（図表 4-9）。

⑤運用

　運用ルールに従って KPI 管理を実施します。

⑥評価／見直し

　運用の中から実際の改善などにつなげる活動を行いますが、KPI 自身やその管理方法についての改善も行います。これにより、KPI 管理のレベルを維持・向上させていきます。

　KPI 管理では、KPI そのものとその管理方法の両面から改善を行い、

図表 4-9　KPI の定義内容

KPI	全体の位置づけ、種別など
計算式	KPIの計算式と単位など
対象者と管理者	KPIの対象者、KPI管理責任者など
タイミング	管理タイミング
情報入手	必要情報、利用データ、入手元など
想定課題とアクション	KPI悪化の想定課題と課題解決アクションなど

管理レベルの向上を図ります。

◆ 荷主と物流事業者のKPI管理

　物流において行う KPI 管理では、荷主が行うもの、物流事業者が行うもの、そして共通で行うものがあります。とくに、物流業務を委託している物流事業者と円滑に KPI 管理を進めることが重要です。

　そのためには、荷主と物流事業者の間で共通の KPI を設定すると有効です。こうすることで結果の評価を双方で認識し、問題点が相互確認でき、共通認識のもとにさまざまなコミュニケーションができるようになります（図表 4-10）。

　共通で行う KPI 管理では、算出の基準を明確にし、わかりやすくしなければなりません。また、数値をよくするためにミスを隠すのではなく、課題を見つけるためにはすべてを出していくという理解が必要です。

　また、評価指標の目標値を設定する場合は、基準値もしくは基準範囲を設定します。たとえば「貨物事故」ならば目標値は「ゼロ」ですが、基準値は絶対値で月間の最大発生件数を設定したり、オーダー当たりの発生率を設定したりします。評価指標は、業務の結果を評価し、改善点を見つけ、より良い業務運営にしていくためにあるという理解が必要です。

図表 4-10　荷主と物流事業者の KPI 管理

| 荷　主 | 自社の業務を管理する指標 | 物流事業者を管理する指標 |
| 物流事業者 | 自社の業務を管理する指標 | 荷主に報告する指標 |

共通で設定

　荷主と物流事業者が共通の KPI を設定して、業務改善や高度化を進めることが重要です。

◆ 荷主のKPI管理

　物流管理項目は、図表4-2 に示したとおり、① 安全（Safety）、② 品質（Quality）、③ コスト／価格（Cost）、④ 納期（Delivery）、⑤ 生産性（Productivity）、⑥ 士気や人間関係（Morale）、⑦ 環境（Environment）、⑧ リスク（Risk）ですが、荷主が行う物流に関する KPI 管理も、これをもとに業務プロセスごとに考えていきます。KPI項目が抽出できたら、わかりやすくまとめて整理をすると有効です。

　各プロセスの評価とは別に、一貫した業務の結果を評価する指標の設定も行い、大局的な判断指標とします（図表4-11）。たとえば、完全オーダー達成率とは、発注後に顧客まで何の問題もなく届けられた商品や製品の割合のことです。具体的には、納品日やリードタイム、商品の汚破損、商品違いなどの問題が何もなくオーダーが完結した比率です。この指標が悪化するということは、業務プロセス上に何か問題が発生していることを示しているので、アクションを起こす警告となります。

　荷主が行う物流に関連した KPI 管理は、荷主の各業務プロセスと物流管理項目のマトリックスで考えていくと有効です。

図表 4-11　荷主の KPI 管理体系

	調達	受発注	需給	物流センター	輸配送	総合
安全（Safety）						
品質（Quality）						
コスト / 価格（Cost）						
納期（Delivery）						
生産性（Productivity）						
士気や人間関係（Morale）						
環境（Environment）						
リスク (Risk)						

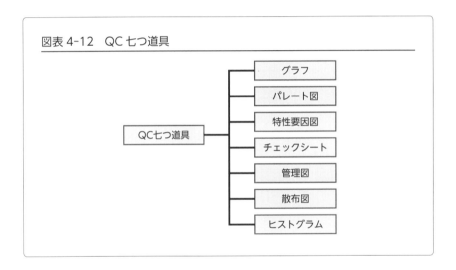

図表 4-12　QC 七つ道具

3 ≫ 物流管理の手法

◆ 管理手法の導入

　物流管理を進める手法としては、品質管理で使われる「QC 七つ道具」が有効です。QC 七つ道具とは、「特性要因図」「パレート図」「ヒストグラム」「管理図」「散布図」「グラフ」「チェックシート」のことです（図

表 4-12)。

　「特性要因図」は、問題点を整理するために活用でき、「パレート図」は ABC 分析などで利用します。「ヒストグラム」や「管理図」「散布図」は、バラツキ度合いを見るのに有効ですし、「グラフ」はいろいろな用途に合わせて、数表ではなくグラフ化することで理解しやすくなり有効です。

Column **2**
物流人材育成のあれこれ

　物流人材の育成をいろいろな形でご支援することがあります。

　集合研修ではグループワークを取り入れ、ディスカッションの中から気づきや発見をしてもらうことを考えています。このグループワークに対して積極的な人とあまり積極的ではない人が必ずいて、自然とリーダーになる人も決まってくるのは不思議なものです。

　研修を担当している側としては、多くの人に多くのことを持って帰っていただきたいと工夫して進めていますが、上司から派遣されていると思っている人と、派遣されていてもせっかく来たのだから何かつかんで帰ろうという人では大きな差が出ます。有料のセミナーに初めて自分の負担で参加したときは、まったく眠くならなかった記憶がありますが、こういうことかなと思っています。

　世間を見てみると、社会人大学に通ったり、インターネット経由で講義を受けたりしている人、異業種交流の会合に積極的に参加して人脈を広げようとしている人は大勢いらっしゃいます。また、身近なところでは、夜にビジネス街のカフェに行くと、勉強している人をたくさん見かけます。このような人たちを「意識の高い人」と言ったりしますが、特別なことではありません。どのようなことにも前向きに取り組めば得るものも大きいのではないでしょうか。

物流改善の推進

　この章では、物流改善の考え方について取りあげます。第4章のKPI管理で改善すべき点が明確になりました。そこで改善を進めますが、本章では、現状把握、問題点の整理、課題設定、改善策抽出と評価、推進シナリオづくりという一連の流れを取りあげます。また、改善のみならず、プロジェクト活動を推進するうえで重要なプロジェクトマネジメントについても取りあげます。

1 ›› 物流業務の棚卸

◆ 物流業務の棚卸とは

　健康だと思っていても、健康診断を受けてみると、1つや2つ気になるところが出てくるのはよくある話です。企業における物流も同様で、日常的に問題なく業務が行われていると、とくに気に留めることもありませんが、物流の運営は生き物だという認識が必要です。日々の物流業務の内容は異なりますし、取り巻く条件も日々変わっていきます。その中で物流も変化していかなければなりませんが、何も手を加えないと、実態と合わないところが出てくることになります。

　このように、現状とあるべきレベルとのギャップを改善しなければなりませんが、現在とくに問題なく業務が流れていたとしても、先手をとって問題が発生しそうなところを改善したり、さらによりよい姿に進化・高度化したりしていく必要があります。

　こうした認識を持っていても、業務の改革、改善に着手してみると、現状把握が不十分だったと気づくことは多いものです。「なんとなく自社の課題はわかっているが、定量的に説明できない」「自社の課題はわかっているが、進め方がわからない」といった事例は数多くあります。また、現状把握ができていなかったために、検討段階の前提条件が実際のニーズとは違っていて、再検討を余儀なくされることも起こります。

　たとえば、物流センターの出荷作業時間の短縮というテーマでは、事務作業の改善と出荷作業の改善が必要だということは漠然とわかります。しかし、どう進めればよいのか、実行段階でどの程度の効果が期待できるのかなどがわからなければ、社内で改善提案ができません。また、時間指定の配送オーダーが多くて配送効率が悪いという場合、実はその前提となっていた時間指定自体を減らせたということもあります。このように、事実をしっかり把握して、改善策を検討していかないと間違った方向に進んでいく可能性があります。

こうならないためには、物流業務の全体を見直す「物流業務の棚卸（物流診断）」をすることが重要です（図表5-1）。

◆ 物流業務の棚卸の進め方

物流業務の棚卸は、以下の3つのステップで進めます（図表5-2）。

①現状把握

物流に関連する情報を整理し、現在の全体像がわかるように整理しま

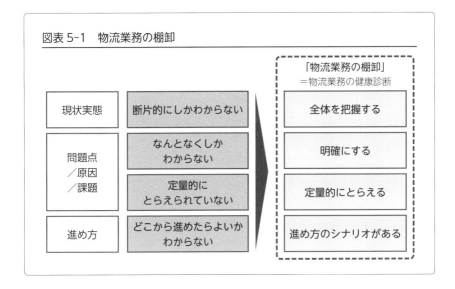

図表 5-1　物流業務の棚卸

現状実態　断片的にしかわからない　　→　　「物流業務の棚卸」＝物流業務の健康診断

全体を把握する

問題点／原因／課題　なんとなくしかわからない　明確にする

定量的にとらえられていない　定量的にとらえる

進め方　どこから進めたらよいかわからない　進め方のシナリオがある

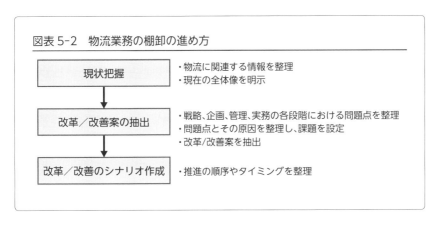

図表 5-2　物流業務の棚卸の進め方

現状把握	・物流に関連する情報を整理 ・現在の全体像を明示
改革／改善案の抽出	・戦略、企画、管理、実務の各段階における問題点を整理 ・問題点とその原因を整理し、課題を設定 ・改革/改善案を抽出
改革／改善のシナリオ作成	・推進の順序やタイミングを整理

す。

定量面では物量やコストなど、定性面では物流業務の内容に加えて、生産や販売、情報システムについても整理します。

②改革／改善案の抽出

戦略、企画、管理、実務の各段階における問題点や原因を整理し、そこから課題を設定し、それに対する改革／改善案を抽出します。ここでは、問題改善型でテーマを抽出するのは当然ですが、合わせて大きな視点から改革レベルのテーマを抽出していきます。次に、アイデアを定量／定性的に評価し、優先すべきテーマや重要度の高いテーマを抽出します。

③改革／改善のシナリオ作成

抽出されたテーマを短期テーマ、中期テーマに分けて、推進の順序やタイミングを整理します。そして、それらを改革／改善のシナリオとしてまとめていきます。

物流業務の棚卸は、自社の物流業務の全体像を知って、改革／改善のシナリオまで作成していくためにとても重要です。通常業務以外に検討する工数がかかりますが、スケジュールを立てて、地道に進めます。また、とくに大きな課題がないときこそ、将来に備えてじっくり検討すべきです。

「段取り八分」という言葉がありますが、段取りができれば8割はできたも同然という意味です。改革／改善推進における段取りも同様です。「物流業務の棚卸」は、少し遠回りのように感じるかもしれませんが、実は近道であることを理解しましょう。

2» 物流改善の進め方

◆ 現状把握の考え方

「物流業務の棚卸」でまず行うのは、現状把握です。現状把握には、定量的／定性的な項目があります。知らない人にも理解できるレベルを

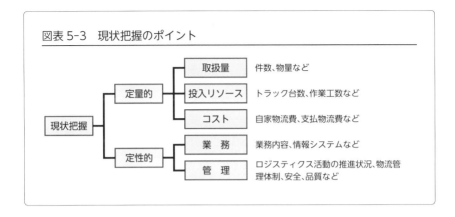

図表 5-3　現状把握のポイント

現状把握	定量的	取扱量	件数、物量など
		投入リソース	トラック台数、作業工数など
		コスト	自家物流費、支払物流費など
	定性的	業　務	業務内容、情報システムなど
		管　理	ロジスティクス活動の推進状況、物流管理体制、安全、品質など

意識して整理すると、よりよいアウトプットができます（図表 5-3）。

　全体像を明確にするには、対象の商品、取扱金額、取扱物量、物流拠点の立地や規模、配送体制、物流管理体制、物流の関わる人員数などを整理します。

　定量面では、取扱物量情報として取扱件数／物量／売上金額などを月別や週別などで整理し、ボリュームや波動状況が見えるようにします。また、それらに対応した作業の工数や人員数、配送のトラックなど投入したリソースについて整理します。合わせて、物流コストを業務別や費目別などで整理します。このような定量的に把握可能な情報は、電子データ化されていなければ電子データ化して元データを作成します。

　定性面では、物流フロー、業務フロー、タイムスケジュール、利用する情報システムなどの業務面と安全／品質／物流管理などの管理面について整理します。合わせて環境面から、温室効果ガスの排出抑制と廃棄物の発生抑制、再使用、再資源化なども必要に応じて整理します。

　業務面では、一方に偏らないこと、客観的にとらえることを意識して整理します。たとえば、システム利用ならば、情報システム部門とユーザー側に、サービスレベルならば、営業担当と納品先の双方の話を聞くようにします。これによって客観的・中立的な情報収集ができます。

　管理面では、物流管理状況の確認が必要です。現在の各組織がどの様な機能を担当しているかについて整理します。具体的には、戦略、企画、

実行、管理に分けて、それぞれでなすべき内容について整理していきます（第1章 「ロジスティクス活動」を参照）。

　次に、実際に推進されているか、その推進内容は十分かを判断します。ここでは、たとえば3段階程度で評価すると、低評価が多い段階が見えてきます。日々の業務は企画、実践、管理で対応できるため、一般的には戦略部分が十分でない場合が多く見受けられます。しかしながら、ロジスティクスや物流の方向性を明確にする戦略部分の強化は大きな課題と認識すべきです。

　安全については、自社で物流を行っている場合のみならず、外部委託している場合においても確認が必要です。物流現場の安全では、不安全状態や不安全行動の有無を確認して、もしあればすぐに対策を打つとともに、現状把握の結果としての評価も行います。また、根本的に解決する活動が必要ならば、改善テーマとして取りあげて検討します。

　品質については、品質事故の件数や発生率を知るとともに、発生前に未然に防げた件数についても可能な限り把握します。実業務を委託している場合は委託を受けた側の管理範囲となりますが、その内容を把握します。また、顧客からのクレームには、改善をはじめとしたさまざまなヒントが詰まっているため、注意深く整理し、課題項目を探します。

　以上のような情報を把握しますが、日頃から管理が十分行われていれば、最新の情報はすぐに入手できます。物流改善のためには、日常の管理が重要なのです。

◆ 現状把握と結果評価

　現状把握では、事実を整理しますが、可能なものはこの段階で評価しておくと後でラクになります。

　評価に際しては、定量的に評価できるもの、定性的に評価するものに分けて考えます。また、モノサシがないと評価が甘くなり、改善点や改善期待値が正しく把握できなくなります。「モノサシをもとに評価する」ことを念頭に、モノサシの設定や入手をします。定性的な項目の評価のコツは、モノサシが入手できなかった項目でも、可能な範囲でラフでも

評価することです（図表5-4）。

　定量的な評価のポイントは生産性と単価です。生産性では、輸配送だと積載効率、稼働率や実車率など、物流センター作業では単位時間当たりの処理量などが該当します。単価は、市況がモノサシとなります。

　輸配送を評価する場合は、輸送手段や輸送形態に分けて考えます。輸送手段はトラック、鉄道などのように手段ごとに分けます。次にトラック輸送の中でも、チャーター輸送、積合せ配送、特別積合せ便配送などに分けます。

　次に、それぞれの形態に合わせて、構成要素ごとに確認していきます。チャーター輸送では、運賃単価×台数でコストが計算されるため、運賃単価と積載効率を確認します。特別積合せ配送の場合は、料金表のレベルです。

　作業は、輸配送に比べて料金の取決めが多岐にわたるため、評価をする場合には条件に合わせて評価します。ただし、料金決定の際には、生産性と人件費単価を考慮しているはずなので、その点を確認します。

　定量的な評価のコツは、「対象のコストはどのような要素で成り立っているかがわかるように、分解・評価をする」ことです。また、生産性はつかめても、モノサシの入手が難しい場合もあります。そうしたときには、同様の作業をしている作業者や他部署の生産性を参考にします。

　一方、定性的な項目の評価のコツは、「定性的なので評価できないと考えない」ことです。ラフであっても評価をして、改善すべき点を見つ

図表5-4　定量面の評価方法例（積載効率）

方面	自社	モノサシ	差	評価
	%	%	point	
北海道	90	90	0	○
東　北	85	90	▲ 5	△
関　東	70	90	▲ 20	×
:				

「モノサシ」を決めて、比較を行う

図表 5-5　定性項目の評価方法例

区分	機能	実施部署				推進状況
		物流部	生産管理部	工場	‥	
戦略	中期計画策定	○				△
	物流予算 / 投資計画策定					×
	需給調整と在庫計画		○	○		○
	物流委託政策立案					×
	ロジスティクス関連組織整備					×
	サプライチェーン最適化					×
企画	：					

定性的な項目も評価する

け出すことが有効です（図表 5-5）。

　このように、現状把握の際に評価できるものはしておくと、以降の検討に有効です。

◆ 問題点の整理

　現状把握の段階でも問題点には気付くでしょうが、ここであらためて時間を取って抽出します。ブレーンストーミングの手法によって、複数のメンバーで一気に抽出するのが近道です。

　実業務の検討ならば、業務に関連するメンバーが集まります。集合が難しいとき、メンバーが多いときには、アンケート方式で集めるのも1つの方法です。記入用のカードを用意して、記入すべき内容や記入方法を記載した例を同時に渡すようにします。せっかく記入してもらったカードの内容がわからず再度確認したり、使えなかったりしないようにするためです。

　このとき注意すべきなのは、問題点として表現することです。さらに現状把握の評価で定量的に見ることができていれば、その度合いについても表記するとさらに良いでしょう。たとえば「A 製品のピッキングにミスがある（月間○件発生、発生率○％）」といった表現です。

　こうして問題点が抽出できたら、グルーピングを行います。このとき内容に違和感があるときには、ムリにグループにまとめないようにしま

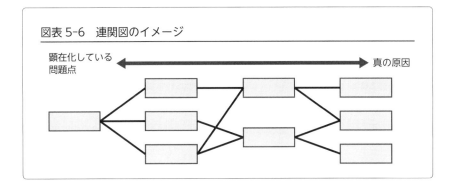

図表 5-6　連関図のイメージ

顕在化している
問題点　　　　　←───────────────────→　真の原因

す。

　グルーピングができたら、顕在化している問題点をスタートにして、原因を整理します。問題点から要因を整理するために、特性要因図を利用して「なぜなぜ」を繰り返して真の原因を探ります。特性要因図以外では、連関図で整理することもできます。連関図も左側に問題点を置いて、その原因を右に記載していくようにすれば、特性要因図と同じようになり、カードを利用して整理する場合は、この方がやりやすいこともあります（図表5-6）。

　整理をしていると、問題と原因の関連でつながりが悪いときもありますが、その場合は原因などを追加して、問題と原因の関係をしっかりと組み立てていきます。

　こうして全体ができあがったら、もう一度問題点から原因に向かって「スムーズに繋がっているか」「問題と原因の関係づけに不足はないか」を確認します。先ほどの連関図法では右に行くほど真の原因となっているので、その点も確認します。

　特性要因図や連関図は、作成に工数がかかるので遠回りのようにも感じますが、整理がしっかりできると検討がスムーズに進みます。手間とは思わずに作成してください。複数回作成してみると作成のスピードが上がるので、その他の場面での効率アップも期待できます。

　このように問題点の抽出と整理は、注意深く行います。

◆ 課題の設定と改革／改善策の抽出

　問題点が整理できたら、課題の設定に移る前に、問題点に対する現状把握が十分できているかを確認します。不足する点があれば、定量／定性の両面から現状を詳細に分析します。とくに実業務の改善では、対象となる作業の状況など細かい分析が必要になる場合が多くあります。

　課題の設定では、問題点同様その表現を十分に確認します。「問題」は事象を指し、「課題」は問題を解決するための取組み対象を指します。この点に注意して表現しましょう。たとえば「Ａ製品のピッキングにミスがある（月間○件発生）」というのは「問題」です。これに対して「ピッキングミスをしない作業体制構築」は「課題」です。

　このように、問題点や原因をもとに課題を設定しますが、課題は１つとは限らないので、注意してください。

　課題が設定されたら、次はそれに対する具体的な改革／改善策を抽出します。ここでは、過去の経緯や現状の制約条件などは考慮せず、まず考えていきます。長年業務を担当していると、知らないうちに制約条件を前提に考えてしまいがちなので、注意が必要です。

　また、改革／改善案抽出では、原因をしっかりと把握したうえで行います。たとえば「ピッキングの生産性が低い」という場合、作業手順が個人ごとに違うからなのか、作業者の配置ができていないからなのかで変わってきます。手順が異なるのが原因であれば「ベスト作業の手順書作成と定着化」、作業者の配置が原因ならば「作業管理者の指示による応受援体制の構築」となります。問題に対して原因をしっかり抽出していれば、課題から改革／改善案の抽出までは難しくありません。うまく抽出できないときは、問題点と原因、課題設定を見直してから再度行います（図表5-7）。

　改革／改善案抽出のコツは、いろいろな切り口やマトリックスを利用して、その内容を埋めることはできないかと考えて抽出することです。また、その際には改善だけでなく改革テーマも抽出するので、現在の制約条件は考えず、ムリだと思っていることも含めて自由に発想するとい

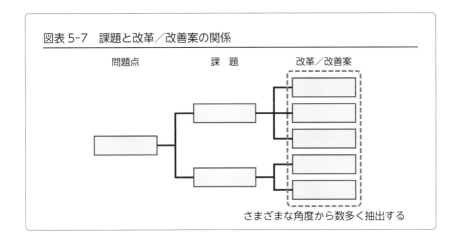

図表 5-7　課題と改革／改善案の関係

問題点　　　　　課　題　　　　改革／改善案

さまざまな角度から数多く抽出する

いでしょう。たとえば、関東の工場でつくっている商品を関西の在庫拠
点に輸送すると輸送費がかかります。このとき「関西の工場でつくれな
いか」「協力会社に製造を委託できないか」と、物流を切り口に生産や
販売に関連する発想も出していきます。物流だけの効率化は従来から進
められていて、テーマ数が限られたり、実施効果が小さかったりします。
しかし、物流以外にも枠を広げると新たなテーマが出てきます。

　改革／改善案の抽出で重要なのは、制約事項や固定観念を取り払って
柔軟な発想をすることです。

◆ 効果期待値の試算（ポテンシャル試算）

　改革／改善のテーマが抽出できたら、効果の期待値はどの程度あるの
かを試算します。これはどのテーマを実施すればよいかを判断するとき
の判断材料となります。現状把握が定量的に評価できていれば、比較的
簡単に試算できます。

　輸配送の効果試算の場合、現状把握の評価にあったように、定量的な
評価のポイントは生産性と単価です。

　チャーター輸送では、運賃単価と積載効率から試算します。運賃単価
が市況より高い場合は、そのギャップの額を試算します。また、積載効
率が低い場合は、目標積載効率を達成できたとすると車両手配台数が減

るので、そのギャップ額を試算します。どちらもある場合は、減った台数に市況単価を掛け合わせることで目標運賃総額が計算できるので、そのギャップをとらえます。まず平均数値などで大まかに試算し、方面などの具体的改善のためには詳細データで試算をします。

特別積合せ配送の運賃は、輸送手段が変わらないという前提では、ロットアップ効果と単価レベル差を試算します。現在よりロットアップができると、単位当たりの単価は低下するので効果が出てきます。また、運賃レベル差は市況レベルで試算するとギャップが明確になります。ここでの注意点は、1件ずつ運賃を計算したほうが良いということです。料金表は均一にできておらず、最低料金もあるので注意が必要です。

特別積合せ便から積合せ配送やチャーター車への積合せへ切り替えるなどの場合、緻密な試算は難しいので、現状に近い条件を設定して現状のモデル運賃を使って試算します。次に新体制の条件で試算し、その運賃の変動する比率を把握します。現状の発生運賃にその比率を掛けて効果を推定します。これが難しい場合には、数日間のオーダーを机上で配車してその効率差を把握し、それを活用して試算するという方法も有効です。

委託作業の効果試算をする場合、委託している会社の生産性など細かい実績の開示をしてもらう必要があるため、委託先と一緒に行います。

自社で作業を行っている場合は、生産性は現在のメンバーの最高よりも少し低いレベルを目標に設定して計算します。時間単価は、近隣の市況や賃金センサスを参考にした単価と現状単価の差をもとに試算します。

作業に関する効果試算は厳密には難しいのですが、別の職場で同様な業務があれば参考にします。そのようなモノサシとなる指標がない場合は、時間帯別の作業内容や作業担当の人員数から、大まかに改善案の効果を工数で推定し、平均人件費などを掛けて効果を試算します。

ポテンシャル試算で大事なのは、細かく計算できない場合も、前提条件を明確にして試算をすることです。また、重複する効果などもあまり気にせず、施策に対する効果という観点で試算することです（図表5-8）。

単純な市況レベルや生産性のギャップを埋める施策の場合は、評価の

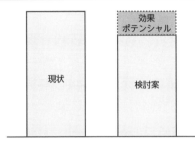

図表 5-8　ポテンシャル試算の考え方

効果
ポテンシャル

現状

検討案

・ポテンシャルの大小を
　比較するために試算する
・前提条件を明確にして
　ラフでも試算する

ときに分解した構成を元にすれば比較的簡単にできます。工夫が必要なのは、仕組みややり方を変えるなどのように変化がある場合です。この際には現状のモデルをつくって、新体制との変化率を発生額に掛けるなどして試算をします。また、試算が難しい場合もありますが、そのときには設定値を活用してもよいので、発生物流費に効果期待比率を掛けるなどして試算します。

　ここで試算される効果額は、あくまでも期待できる効果額であり、今後の進め方を検討する際に使うものです。したがって、1円単位まで計算するような精度は必要ありません。ポテンシャル試算は、明確な前提条件のもとで効果の試算ができていることが重要です。そして、その内容がメンバーに理解を得られ、テーマの優先順位を検討する材料となればよいと割り切って進めることです。

◆ 評価とシナリオ作成

　改革／改善のテーマが抽出できて、効果期待値も試算できたらテーマの評価を行います。

　まず、テーマを評価する項目を抽出します。一般的には、「効果期待値」「緊急性」「重要性」「即効性」「投資規模」「リスク」などのいくつかを使うことが多いのですが、どの評価項目が重要で理解を得られやすいかという観点で選定します。

選定ができたら、その評価項目の内容を整理します。たとえば、「重要性」が評価項目である場合、5、3、1点の三段階評価で5点は「経営課題に直結しており、収益に影響を及ぼす内容」とし、1点は「日常的な改善活動で解決できる内容」と表現します。3点はその中間にあたるので、それに合った内容を記載します。これは、多くの施策を評価するときに評価がばらつかないようにするためで、抽象的な評価項目をできるだけ具体的にするためでもあります。これを明確にしておくことで、評価の内容がわかりやすくなり、客観性が出てきます（図表5-9）。

　評価が終わったら、最初に実施すべきテーマの選定やテーマの推進順序について整理をします。いわゆる「シナリオ」づくりです。

　まず、いつまでにどうありたいかという目標を整理します。「実施すべき」とした施策を、短期テーマ、中期テーマに分けて、すぐに効果が得られそうなテーマを中心に短期テーマを選定します。これは、金額が小さくても成果があがるテーマを選定し、実行していくこと自体が、チームや社内に対してアピールすることになるからです。また、これによりその他のテーマも円滑に進めやすくなるという面もあります。

図表 5-9　改革／改善のテーマの評価

No	分類	課題	解決策	評価点		評価結果	
				評価項目		評価点	優先順位
1							
2							
3							
:							

評価項目例
・効果期待値
・緊急性
・重要性
・即効性
・投資規模
・リスク　など

点数	評価項目		
	評価項目		
5			
3			
1			

　中期テーマは、定性的なテーマや比較的時間のかかるテーマが多くなりますが、全体のスケジュール表に落とし込み、活動できる工数も考慮して、スタート時期やゴールを決定していきます。

　改革／改善のシナリオですから、作成のコツは、推進順序やゴールが明確となっていて、ストーリー性のある計画にすることです。

3 ›› 物流改善活動の推進

◆ 計画推進の考え方

　改革／改善のシナリオができれば、次はそれを実行して成果につなげる活動です。短期テーマ、中期テーマを自社で行うこと、委託先と行うことに分けて、それぞれが推進していきます。推進に当たっては、プロジェクトマネジメントの考え方を理解して進めるといいでしょう。

　プロジェクトマネジメントとは、プロジェクトを成功裏に完了させることを目指して行われる活動のことです。プロジェクトマネジメントは、アメリカのPMI（Project Management Institute）というプロジェクトマネジメントの普及拡大を目的とした非営利団体によってつくられた「PMBOK（Project Management Body of Knowledge：ピンボック）」が世界標準となっています。これはプロジェクトマネジメントに関する知識を体系的にまとめた参考書のようなものです。

　プロジェクトを成功させるためには、プロジェクトのQuality（品質）、Cost（原価、資源）、Delivery（納期）の目標を立て、そのためのプロセスをマネジメントすることが重要です。言い換えると、プロジェクト活動における目的、目標、アウトプットなどを明確にし、活動に投入できるいわゆるヒト、モノ、カネなどの資源をコントロールし、決められた期間内で活動が行われ、結果として決められた成果がアウトプットされるように活動全体を管理することです。

　具体的には、プロジェクトの開始から終結までの流れを「立上げ」「計

画」「実行」「監視・コントロール」「終結」という「5つのプロセス」
に分割し、各プロセスで必要な知識を「10の知識エリア」にまとめら
れています（図表5-10）。

　プロジェクトは、「物流改善活動」と置き換えるとわかりやすいでしょ
う。物流改善でも、活動を立上げ、計画し、実行するのは同じであり、
実行中は進捗を確認し、問題があれば対策を打って完了するということ
になります。

　プロジェクト遂行はベテラン社員の独自のカンなど、属人的な要素に
頼る部分が多くあります。しかし、プロジェクトマネジメントの手法を
活用することで技術の伝達や標準化が可能になり、プロジェクトの成果
が高まることが期待されています。またガントチャートなどのプロジェ
クトマネジメントツールを利用することで、効率的に業務を行えるよう
になります。プロジェクトマネジメントは、情報システムの開発では当
たり前に使われていますが、物流においても、共通言語とすべきもので

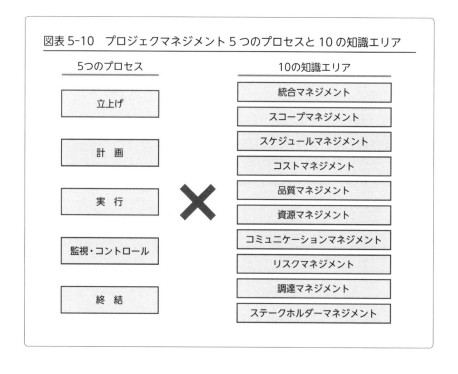

図表5-10　プロジェクマネジメント5つのプロセスと10の知識エリア

5つのプロセス

- 立上げ
- 計　画
- 実　行
- 監視・コントロール
- 終　結

10の知識エリア

- 統合マネジメント
- スコープマネジメント
- スケジュールマネジメント
- コストマネジメント
- 品質マネジメント
- 資源マネジメント
- コミュニケーションマネジメント
- リスクマネジメント
- 調達マネジメント
- ステークホルダーマネジメント

あり、計画推進には不可欠という理解が必要です。

◆ 計画推進に必要な知識

プロジェクマネジメントの10の知識エリアはいずれも重要ですが、物流の場面ではとくに「スケジュールマネジメント」「コミュニケーションマネジメント」「リスクマネジメント」がポイントです。

①スケジュールマネジメント

スケジュールどおりに計画を進めるためには、スケジュールマネジメントが必要です。その達成のためには WBS（Work Breakdown Structure）を活用します。WBSとは、プロジェクト全体を細かな作業（Work）に分解（Breakdown）した構成（Structure）を表したものです（図表5-11）。

その目的は、作業の前後関係と期限を明確にすること、作業がプロジェクトに与える影響を把握することにあります。分解された作業に担当と期限を設定し、スケジュールがわかるようにした工程図のことをガントチャートといいます。一般的には、作業工程を分解して示したものと、

図表 5-11　WBS の例

大分類	中分類	小分類	タスク	工数	担当	1 ヵ月目				2 ヵ月目			
						1W	2W	3W	4W	1W	2W	3W	4W
現状把握	定量把握	輸配送	データ依頼			■							
			データ内容確認				■						
			データ分析					■					
		作業	データ依頼			■							
			作業観測			■	■						
			データ内容整理				■	■					
			データ分析						■				
	定性把握												

← ―――――― WBS ―――――― →←―――――― ガントチャート ――――――→

両方合わせた表を WBS と一般的に呼んでいる

それをスケジュールにしたものを合わせて「WBS」と呼んでいます。

　WBS は、プロジェクト全体でやるべき作業を洗い出して作成するため、作業の漏れの排除や実施上の進捗管理に有効なツールです。「プロジェクト成功のカギは WBS にある」と理解して活用します。

②コミュニケーションマネジメント

　その目的は、コミュニケーション不足によるトラブルを回避することです。コミュニケーションが不足していると、「問題が発生していても報告しない」「報告が関係者や意思決定者まで伝わらない」「同じ話を何度もしてしまう」などさまざまなトラブルにつながります。物流関連の活動は関係者が幅広くなるので、とくに重要です。

　このようなトラブルを回避するには、対象となる情報や伝達方法、保管方法、ミーティング開催要領などコミュニケーションのためのルールを決めて実践する必要があります。

③リスクマネジメント

　リスクマネジメントの目的は、さまざまなリスクの予防やコントロールをしながら継続的に管理、調整することです。リスクは回避するか、移転するか、軽減するか、そのまま維持するかなどの対応を取ります。完全にすべてを予防したり、根絶したりするのではなく、プロジェクトが問題なく完結するために管理していくという考え方です。物流センターの新規稼働などのプロジェクトではとくに重要な要素となります。

　このようなプロジェクトマネジメントの知識は、物流における計画推進にも役立つので理解しておきましょう。

◆ 改善活動の進め方（荷主と物流事業者）

　物流の改善は、多くの場合単独ではなく、関係先との連携した活動です。とくに業務委託先とは密接な関係にあり、ともに歩調を合わせながら進めなければ成果にはつながりません。そのためには、委託先に活動について説明し、メンバー選定や会合参加などの協力を要請します。

　活動の規模によって多少異なりますが、進め方は次のようになります。

　第1回目の会合は、キックオフ会議として開催します。出席者は、メ

ンバー全員がそろうことが前提で、それぞれの上席者にも参加を要請します。また、事務局の担当を選任し、スケジュール調整などはこの窓口を通して行うようにします。

この席では、作成したシナリオについて概要を説明し、以降協力が必要なテーマについては、より詳細に説明して、双方でスケジュール化します。また、必要に応じてチーム分けをして、効率的に進める体制をつくります。

具体的な検討はスケジュールを決めて進めますが、必ずマイルストーンとなる日程を決めておき、全体会議を開いて活動の進捗を確認することが重要です。これは進捗や内容を共有化するためですが、日常業務優先で活動の推進が遅れることを避けるという目的もあります。

検討会議は、議題を事前にメールなどで共有し、集合時に手際よく検討できるように心がけます。また、プロジェクターなどを利用して議論し、検討内容を確認しながら進めると効果的です。これにより共通の理解ができ、議事録作成の作業を軽減することが可能となります。

会合の終了時には、次回までの検討内容、担当、アウトプット概要などについて同様に確認します。事務局が終了後すぐにメンバーにメールなどで内容を報告するようにすれば、進捗遅れが防止できるとともに、事務局業務も軽減できます。

ここで重要なことは、より良い体制にするために一緒にパートナーとして本質の議論をし、答えを導く体制をつくることです。そのためには、コミュニケーションを十分にとって、同じ理解の上で計画を推進します（図表 5-12）。

◆ 新規物流センター稼働とリスク管理

物流拠点の新規稼働は、十分に事前準備をしたつもりでも、不足したり予期せぬことが起こったりします。もし、スムーズな稼働開始ができなければ、本来の姿に戻すために大きな労力が必要です。したがって、スムーズに立ち上げるためには、ポイントを押さえて確実に推進する必要があります。

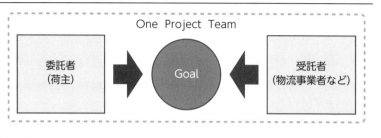

図表 5-12　改善活動の進め方

One Project Team

委託者
(荷主)

Goal

受託者
(物流事業者など)

　一般的に、物流センター業務を物流事業者に委託する場合、まず両社でプロジェクトチームを結成して検討を進めます。

　プロジェクトチームは、「業務設計」「情報システム」「現場運営」「契約／料金」など複数のワーキングチームをつくって、詳細を検討します。また、新規の建屋を使う場合、大規模なマテリアルハンドリングの設備機器を入れる場合などは、「設備工事」についてもワーキングチームをつくります。

　それぞれのチームが活躍する場面は異なってきますが、大きく、① スタート段階、② 業務詳細検討段階、③ 詳細設計・情報システム確定段階、④ 稼働準備段階、⑤ 本格稼働段階、⑥ 安定軌道化確認段階の6つの段階に分けて考えておきます。

　スタート時点では、プロジェクト推進上のリスクの特定、分析とリスク顕在化時の対応計画を策定します。検討がスタートした当初段階は、「業務設計」「情報システム」の実行計画を立案する担当が中心に検討を進めることになります。

　稼働前になると「情報システム」「現場運営」の準備の担当が中心となります。情報システムは、開発を終えて現場ユーザーへの教育やマニュアル作成となります。最終的に、すべてを盛り込んだ形で、「契約／料金」チームで検討をもとにした契約を締結することになります。

　「業務設計」では、業務の内容や基準、荷役／保管設備機器などを検討します。「情報システム」では、「業務設計」で実現したい業務をどの

ように支援するかを検討します。「現場運営」では、作業員の時間帯別の配置や荷役機器の詳細仕様など実際に運営できるレベルまで詳細に検討します。「契約／料金」では、物流サービスの範囲や深さを明確にし、達成すべき目標や効率化による効果配分などを取り決めます。ここで取り決める料金は、頑張りが効果に結び付く料金体系を検討しておきましょう。

これらの活動は、物流事業者が中心となり検討を進めますが、依頼側はメンバーとして検討に参加するとともに、進捗管理などを行います。

プロジェクトでは、全体のスケジュールを管理し、節目では経営層に対する中間報告を行います。報告内容は、スケジュールの進捗状況、各担当の検討内容、想定されるリスクと対処の考え方、今後の推進などについてです。

スタート時点で検討したリスクについても監視を継続し、発生しそうな兆候があれば、リスクを回避する、移転する、軽減する、維持することを検討し、コントロールします。また、その状況報告に合わせて、リスクとして追加されるものがあれば、スタート当初と同様に分析し、対

図表5-13　リスク管理（新規物流センター稼働プロジェクトの例）

		新規物流センター稼働の流れ					
		スタート	業務詳細検討	詳細設計・情報システム確定	稼働準備	本格稼働	安定軌道化確認
意思決定チーム					稼働判定		
ワーキングチーム	業務設計						
	情報システム						
	現場運営						
	設備工事						
	契約／料金	←──→	←──	──────────	──────────	──────────	──→

計画段階
●リスクの特定
●リスク分析
●リスク対応計画

監視・コントロール段階
●リスクコントロール
・回避する
・移転する
・軽減する
・維持する

第5章　物流改善の推進

応計画も含めて報告します。

　稼働前は、それらの内容をもとに稼働判定を行い、予定どおりに進めるのか、遅れのためスケジュールを変更するのかを決定します。スケジュールの延期は大きな意思決定です。「何とかなるだろう」と甘く考えてしまい、結果的に「スムーズに稼働できなかった」のでは何の意味もありません。意思決定者が正しい判断を下せるように正しい情報を伝えることは、メンバーのもっとも重要な役割です。物流の新体制をスタートさせるプロジェクトにおいては、リスクコントロールは重要なポイントです。

第 **6** 章

物流改善の実務

　この章では、物流改善のテーマ別の考え方や進め方を取り上げます。また改善活動で必要なときに活用できるよう、改善でよく使う手法を紹介します。環境整備では5S、物流の機能別に輸送や保管、包装や情報システムなど改善の進め方を取り上げます。改善のためには、品質管理やインダストリアルエンジニアリング（IE）の考え方が活用できるため、その手法も取り上げています。

1 >> 環境整備

♦ 5Sとは

5Sとは「整理・整頓・清掃・清潔・しつけ」のことで5項目のローマ字表記の頭文字がすべてSであるためそう呼ばれています（図表6-1）。

5Sの目的は、職場のムダを取り除き業務の効率を上げることです。対象は物流現場のみならず、事務所も含まれます。

5Sができていない職場は、決め事が守られない、方針が徹底していないといったルーズな面が目立つ職場の風土となりがちです。また、5Sは単なる「片付け」ではなく、安全、品質、生産性においての基盤であり、企業の競争力強化につながるという理解が必要です。

その成功の秘訣は、「トップが主導して活動を推進する」「推進体制と役割分担を明確にする」「パート社員なども含めた全従業員の活動にする」「業務時間内に活動を行う」というものです。

♦ 5S推進のポイント

5S活動の取組みは、次の9つの手順で進めます（図表6-2）。

図表6-1　5Sとは

整 理	必要なモノと不要なモノを区分し、不要なモノをなくすこと
整 頓	必要なモノを誰でも、いつでも、取り出して、すぐに使える状態にしておくこと
清 掃	ゴミ、汚れ、異物などをなくし、キレイにすることで、異常がないか点検すること
清 潔	整理、整頓、清掃を繰り返し、徹底すること
しつけ	決められたことを守り、習慣づけること

図表6-2　5S活動の取組み方

5S活動の組織化を行い、推進体制を整備
5S活動教育・研修の開催（説明会、教育、情報共有）
一斉活動（全員参加）
点検・チェック
定点観測
5S委員会の開催
各推進区の会合
5S活動成果発表会、表彰

① 5S活動の組織化と推進体制の整備：まず活動推進エリアを明確にして、推進組織図と各エリアの担当を決めます。決まった内容を掲示して、共有化します。

② 5S活動教育・研修の開催：目的や進め方についての研修を行い、なぜ5Sが必要なのかについての理解を深めます。

③ 5S活動標準道具の準備：不用品に貼る赤札や掲示物、チェックリストなどを準備します。

④ 一斉活動：準備ができたら、全員で活動を開始します。最初に行う整理では全員で不用品のチェックを行い、意識を高めるとともにチームワークづくりを行います。

⑤ 点検・チェック：定期的に活動による成果を評価し、写真に撮って共有化します。

⑥ 定点観測：整理前と整理後、整頓前と整頓後といったように、ステップごとに同じ場所（定点）の写真を撮り、違いを共有化します。

⑦ 5S委員会の開催：活動を継続的に推進するため、定期的に開催して活動成果の評価や指導を行います。

⑧ 各推進区の会合：リーダーとメンバーが共同して委員会の指摘などを

踏まえたミーティングを行い、次のアクションにつなげます。

⑨ 5S活動成果発表会、表彰：活動が進んだ段階で成果発表会を行い、活動継続を図ります。

5Sはこのような活動を通じて進めますが、そのポイントはすべてを「見える化」することです。活動を「見える化」するのはもちろんのこと、ムダや異常などもひと目でわかるような状態にし、全員が適切なアクションをタイムリーに取れるようにすることが重要です。

2»輸配送

◆ 輸配送改善の切り口

輸配送費は、一般的に物流費の半分以上を占めるので、改善対象としては重要なポイントです。

輸配送費は、トラックの運賃表を例に考えると、重量（車種）と距離で決まる単価×数量（件数や台数）で計算されます。そこで輸配送費の削減では、単価を下げるか数量を減らすかが必要ということがわかります。

単価は、現状割高な料金レベルで支払っていない限り、簡単には下がらない環境にありますが、出荷する拠点変更などによって輸配送距離を削減して費用を下げることが可能です。

数量を削減するには、チャーター車では台数を削減します。積載効率が上げられれば、同じ物量を少ない台数で運ぶことができます。特別積合せ便の場合は、オーダーをまとめることです。重量が増えても比例して運賃単価は上がらないので、トータル運賃は削減されます。

改善策の検討では実績データを分析しますが、最初に行う代表的な分析は「方面別分析」「日別分析」「ロット別分析」「積載効率分析」です。輸配送手段などの区分も考慮しながら検討し、この分析結果から問題点を把握し改善につなげていきます。

改善策は、即効性のあるものから、時間はかかっても根本から見直す

策まであるため、その順序を理解して検討し、実行していきます（図表
6-3）。

　もっとも着手が容易で効果が得られるのは、「積載方法・積付けの改善」
や帰り便の活用や共同配送などの「輸送方法の見直し」です。そのねら
いは、三元率、すなわち積載効率、実車率、稼働率の向上です。

　「物流ネットワークの見直し」とは、しくみを変えて改善しようとい
う考え方です。たとえば拠点立地では、集約や分散による拠点数や立地
場所の見直しを行います。また、輸配送においては共同化、調達物流に
おいては、納品してもらうのではなく引取に回るミルクランや、輸配送
の帰りに引き取って来るなどしくみの変更を検討します。

　「物流条件の見直し」は、物流と商流を合わせて考えることで、効率
的な方向を見出していきます。そのため、販売部門と共同で推進します。

　「製品規格や包装の見直し」は、製品の設計段階から物流を考慮して、
製造・包装の仕様を決定する考え方です。この考え方自体は従来からあ
りましたが、サプライチェーン全体での効率化という観点から、再び注

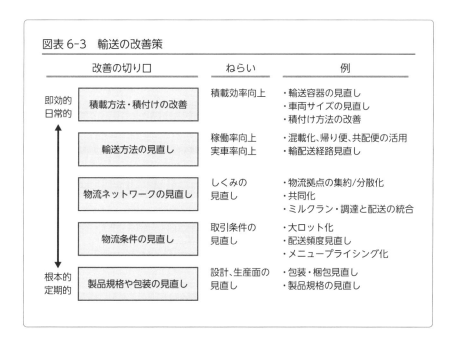

図表 6-3　輸送の改善策

改善の切り口		ねらい	例
即効的 日常的	積載方法・積付けの改善	積載効率向上	・輸送容器の見直し ・車両サイズの見直し ・積付け方法の改善
	輸送方法の見直し	稼働率向上 実車率向上	・混載化、帰り便、共配便の活用 ・輸配送経路見直し
	物流ネットワークの見直し	しくみの 見直し	・物流拠点の集約/分散化 ・共同化 ・ミルクラン・調達と配送の統合
	物流条件の見直し	取引条件の 見直し	・大ロット化 ・配送頻度見直し ・メニュープライシング化
根本的 定期的	製品規格や包装の見直し	設計、生産面の 見直し	・包装・梱包見直し ・製品規格の見直し

目されています。商品設計や生産に関係するため、商品開発部門や生産部門との連携が必要です。

このように、輸配送改善にはさまざまな方法があるため、いろいろな切り口から検討を進めます。

3 >> 荷役

◆ 作業改善とIE

物流の作業改善は、手順や作業方法を変更したり、作業スピードを上げたりすることがポイントとなります。そのためには、マテリアルハンドリング（Material Handling）機器や情報システムなどの機器を効率的に活用する必要があります。

マテリアルハンドリングは、JISでは「荷役」の英語表記とされ、「物流過程における物資の積卸し、運搬、積付け、ピッキング、仕分け、荷ぞろえなどの作業及びこれに付随する作業」と定義されています。また、「運搬」の定義には「物品を比較的短い距離に移動させる作業。生産、流通、消費などいずれの場合にも用いられる。マテリアルハンドリングともいう」となっています。物流においては、マテリアルハンドリング（以降マテハン）は、広義には荷役と言えます。

改善に当たっては、インダストリアル・エンジニアリング（IE：Industrial Engineering、経営工学ともいう）の考え方を理解、活用します。JISでは、IEを「経営目的を定め、それを実現するために、環境（社会環境及び自然環境）との調和を図りながら、人、物（機械、設備、原材料、補助材料及びエネルギー）、金及び情報を最適に設計し、運用し、統制する工学的な技術・技法の体系。備考：時間研究、動作研究など伝統的なIE技法に始まり、生産の自動化、コンピュータ支援化、情報ネットワーク化のなかで、制御、情報処理、ネットワークなど様々な工学的手法が取り入れられ、その体系自身が経営体とともに進化している」と

定義しています。

　IEには、「工程分析」「動作研究」「時間研究」「稼働分析」「連合作業分析」「ライン・バランス分析」「マテリアルハンドリング」の7つの分析手法があり、合わせて「IE七つ道具」と呼ばれています。内容を十分に理解して物流に活用します（図表6-4）。

◆ 現状把握

　荷役改善のための現状把握とその分析の基本は、以下に示す4つです（図表6-5）。

①取扱物量

　取扱物量とは、対象となる作業の取扱物量です。波動が大きい場合は、

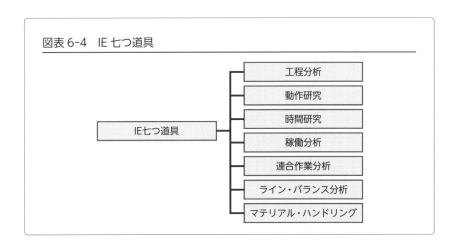

図表 6-4　IE七つ道具

IE七つ道具
- 工程分析
- 動作研究
- 時間研究
- 稼働分析
- 連合作業分析
- ライン・バランス分析
- マテリアル・ハンドリング

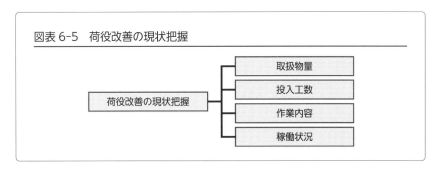

図表 6-5　荷役改善の現状把握

荷役改善の現状把握
- 取扱物量
- 投入工数
- 作業内容
- 稼働状況

その違いがわかるように曜日別や時間帯別などのように、詳細に把握します。

②投入工数

取扱物量に対して投入した工数です。管理者、作業者、事務担当者に分けて、作業内容や時間帯別など取扱物量と合わせて詳細に把握します。

取扱物量や投入工数などの元データは、後にさまざまな分析に活用できるように、可能な限り細かく取っておきます。分析では、まず全体を大きく見て、年間や月間などの状況を把握します。次に、詳細な分析では、ピーク時、ボトム時、平均時などを抜き出します。その分析対象データが、全体で見るとどこに位置づけられかについても確認しておきます。

③作業内容

作業内容の把握はとても範囲が広いので、効率的に進めなければなりません。まずは、全体の業務フローや時間帯別の作業内容を把握します。同時に利用しているマテハン機器や情報システム機器なども把握します。

次に、作業の工程や担当部署、利用帳票など業務全体が見える詳細な業務フローを作成します。すでに作成してあれば、現状と同じかどうかの確認を行います。これが改善の基礎資料となります。

時間帯別の作業ではその作業内容を把握しますが、分析では作業工数と合わせて、時間帯別の作業内容と工数投入状況を把握します。これらは、作業の平準化や作業工程の変更などを検討する際の材料になります。

一定の場所で繰返しの多い流通加工などの作業については、その動作について分析します。動作分析は、つかむ、運ぶ、手放すなどの細かい動作に分解することでムダを見つけます。また、ピッキングや運搬の場合は、動線を把握したり、その工程分析を行ったりします。動線の把握については、これまでは作業者に観測者がついて把握していたため、大まかにしか把握できませんでした。現在は自動認識技術を使ったシステムもあり、より詳細な把握が容易になっています。

④稼働状況

投入工数の中で、付加価値を生む作業を行っている状況を把握します。そのためには、連続観測法、ワークサンプリング法を活用します。

連続観測法は、作業者の作業時間と内容を観測者が連続して記録していきます。連続観測法を活用すると作業の詳細や問題点の発見などもできますが、作業者1人に観測者1人がつくため、サンプル数を集めるのに工数がかかるという欠点があります。

ワークサンプリング法は、観測者1人が複数の作業者を観測できるのでサンプルを集めやすくなりますが、観測できるのは作業別の時間構成の割合です。

この調査では、観測者とVTR撮影を併用して行う場合が多くなっています。また、従来は観測用紙に記載されたデータを分析するためにデジタル化していましたが、現在はタブレットを使った観測システムやスマートフォンを使ったシステムもあり、これらを利用することで分析のためのデジタルデータの入手が容易になりました。

このように、日常的に定量化できていない工数についても、観測により定量化します。

◆ マテハン合理化の原則

マテハンの合理化は、以下に示す6つの側面から検討します（図表6-6）。

①安全

安全がすべてに優先することは言うまでもありませんが、労働環境の

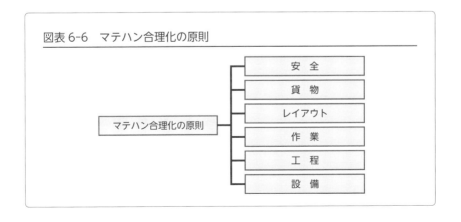

図表6-6　マテハン合理化の原則

- マテハン合理化の原則
  - 安　全
  - 貨　物
  - レイアウト
  - 作　業
  - 工　程
  - 設　備

安全性が増すと、生産性向上につながります。

②貨物

　貨物は、必要なものだけを最小の労力に抑えて取り扱うように考えます。取り扱う貨物は、品質が維持される最小の包装や保護具を装着した状態で、できるだけ軽く、できるだけ容積が小さくなるようにしユニットロード化するよう考えます。貨物はできるだけ動かさない方が工数を掛けなくてすむからです。

③レイアウト

　できるだけ直線化し、空間も活用します。流れがスムーズだとムダな工数やスペースを発生させなくてすむからです。

④作業

　貨物はいつでも動かせるように、活性化された状態を維持するようにします。これはいったん活性化されない状態（格納や保管）にしてしまうと、再度活性化（動かせる）状態にするためには工数がかかるためです。

　また、標準化を進めて誰でも作業できるようにすること、機械化による効率化を考えます。機械が効率的なものはできるだけ機械化し、作業を誰でもできるような状態にすることは、標準化できていない作業に対して、労力をかけて多能工化するより効率的だからです。

⑤工程

　工程間の継ぎ目がスムーズになるように考えるとともに、工程間の能力バランスを考慮し、ボトルネックをつくらないようにします。ボトルネックがあるとそのスピードにすべてが制限され、前後の作業で作業者の待ちが発生したり、機械化された設備の能力に余剰が出ることになるからです。

⑥設備

　作業者の疲労軽減を考慮します。これは腰痛などの労働災害を発生させないとともに、作業の生産性を向上させるからです。具体的には、作業台やコンベヤを腰に負担のかからない高さにしたり、貨物の移動も水平や重力を使うことで、大きな力を必要としない設備にしたりします。

設備導入に際しては、設備がフル稼働できるようにするとともに、さまざまな変化に対応できる弾力性も考慮した設計を行います。これは、設備が償却される前に、取り巻く環境が変化してしまうことが十分予測されるからです。

　設備稼働中は、予防保全を積極的に行います。予防保全は故障前に保全するためコストはかかりますが、それ以上に設備を止めないほうが効果的な場合に採用します。償却期間が来たら廃棄と新規設備導入を進めます。設備を長期に稼働させることは可能なものの、そのためのメンテナンス費用が掛かることや新規設備の方が改良されて効率的という場合が多いからです。

◆ ピッキングの効率化

　荷役作業の中でも大きなウェイトを占めるのがピッキング作業です。

　ピッキングは現場ごとにさまざまですが、以下の4点で考えると、組合わせがわかりやすくなります（図表6-7）。

①ピッキングの種類

　1回の作業におけるオーダー数の違いと複合的に作業を行うかどうかの違いです。オーダーピッキング（シングルピッキング：1オーダーごとにピッキング作業をする方式）マルチオーダーピッキング（複数オー

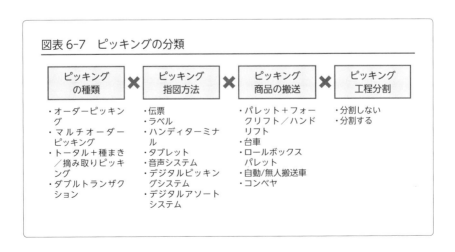

図表6-7　ピッキングの分類

ピッキングの種類	×	ピッキング指図方法	×	ピッキング商品の搬送	×	ピッキング工程分割
・オーダーピッキング ・マルチオーダーピッキング ・トータル＋種まき／摘み取りピッキング ・ダブルトランザクション		・伝票 ・ラベル ・ハンディターミナル ・タブレット ・音声システム ・デジタルピッキングシステム ・デジタルアソートシステム		・パレット＋フォークリフト／ハンドリフト ・台車 ・ロールボックスパレット ・自動/無人搬送車 ・コンベヤ		・分割しない ・分割する

ダーを同時にピッキング作業する方式）、トータルピッキング＋種まき
／摘取りピッキング（必要量をまとめてピッキングし、それをオーダー
ごとに仕分ける方式）などがあります。また、ピッキングエリアと保管
エリアを分けて、ピッキングエリアに保管エリアから必要なものを補充
するダブルトランザクション方式もあります。

②ピッキング指図方法

　作業者への指図には、伝票、ラベルといったアナログ的な指図、ハン
ディターミナルやタブレット、音声システムなどのようなデジタル的な
指図があります。また、少し形態は違うものの、種まき／摘取りピッキ
ングに使うデジタルピッキングシステムやデジタルアソートシステムも
あります。

③ピッキング商品の搬送

　ピッキング時やピッキング終了後の搬送に何を利用するかです。パ
レット＋フォークリフト／ハンドリフト、台車やロールボックスパレッ
トもあれば、コンベヤや最近では自動搬送車や搬送ロボットなどもあり
ます。

④ピッキング工程分割

　ピッキングを一度で完結させるか、分けて行うかです。多階層の物流
センターで階をまたぐときには、コンベヤがなければ、多くの場合分割
することになります。また、1フロアでも分割する場合もあります。

　ピッキング作業の効率化のポイントは、作業者の「正味作業時間を増
やす」ことと「作業のスピードを上げる」ことです。

　正味時間を増やすためには、その他の時間を削減しなければなりませ
んが、その中でもっとも削減したいのが移動の時間です。検討において
は、動線を短くスムーズにすることを念頭に、ピッキングの仕方や保管
のレイアウトや保管場所も同時に検討します。また、手待ち時間の削減
を検討する場合は、前後の工程との工程間の作業スピードのバランスと
いう問題が出てくるため、作業能力を最大にするよう工程や投入工数を
設計します。

　作業のスピードを上げるためには、作業の手順や方法を変更したり、

設備の導入や仕様変更をしたりすることを考えます。簡単な例では、検品場所でハンディターミナルを手に持ってスキャンしていた作業を、固定式のスキャナやハンディターミナルを置いても利用できるように変更するだけで作業時間は短縮できます。このような動作分析も必要です。

また、音声システムはとても有効なツールです。マイクの付いたヘッドホン（ヘッドセット）を装着するので、両手が使えるようになります。また伝票やピッキングリストを持ってチェックを入れる作業が音声で行われるため、確認のために視線を動かす必要もなくなります。

音声システムを使った作業は、2人一組で作業しているようなもので、そのやり取りスピードを上げると、自然と作業スピードが上がり、時間短縮につながります。

音声システムを導入すると、導入した作業スピードは大きく向上しますが、前後の工程とのバランスを取ってトータルで効率化を進めることが重要です。

今後もさらに技術革新が進み、安価なシステムの登場が予想されます。日頃からアンテナを張って情報収集し、新しいものを取り込んでいくようにしましょう。

◆ 省力化／自動化機器の導入

近年の技術革新で物流業務にも省力化／自動化機器が数多く導入されていますが、導入に際しては十分な検討が必要です。

機械化／自動化によって、トータルコスト削減や作業のスピードアップ、作業環境の緩和などが期待できます。しかし、単に現在の作業をそのまま置き換えるのではなく、まず改善を進めた上で、その作業を機器に置き換えます。

導入機器の選定や業務設計においては、作業に適切な機能やスピードを持った機器を選定する必要があります。ただし、機器の能力と投資コストはトレードオフの関係にあるため、投資回収も含めて機器を選定します。このとき、ランニングコストとしてかかるメンテナンス費用や修繕費用も含めて考えます。また、設備償却期間前に取り巻く環境が変化

しても対応できるよう、作業面と投資回収面から導入前に十分に検討しておきます。

　機器の導入を検討する場合、機器メーカーからの説明を受けますが、各メーカーは自社の得意領域の機器を提案してきます。これらの情報をもとに全体を俯瞰して、自社の導入に適した機器構成について評価できる能力が必要です。たとえば、ピッキング方式についても、出荷物量と求める精度から機器の候補は絞り込むことができますが、評価する能力がなければ、時間と工数がかかってしまいます。

　また、機器の導入に際しては、従来の作業を機器に置き換えることだけに注目するのではなく、柔軟なアイデア抽出も必要です。たとえば、現在の出荷生産性では多くの台数の導入が必要となり、投資が難しいという結論になるかもしれません。しかし、時間的な余裕があれば、これまで稼働していなかった時間帯も機器を稼働させることで、これまでと同等以上の作業ができることもあります。少ない台数で同じ作業量が確保できれば投資金額は抑えられ、導入計画が進められるかもしれません。

　このように、省力化／自動化機器の導入では、業務内容、リードタイムなどの前提条件、機器の特性などを理解し、柔軟な発想で検討します（図表6-8）。

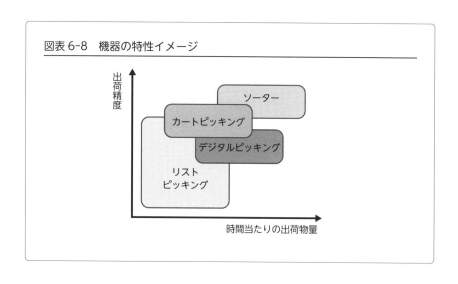

図表6-8　機器の特性イメージ

4 ›› 保管

◆ 改善の基本的な考え方

　保管の改善では、保管効率と保管レイアウトの改善を考えます。検討する際には、保管と荷役の効率と合わせて考えることが重要です。物流センター内に多くの物量を保管すれば保管効率は上がりますが、出荷の際に時間がかかって効率が落ちてしまい、既定の時間内に作業が完了しない場合も考えられるからです。

　保管の改善で最初に行うのは、現状把握です。SKU（Stock Keeping Unit、最小管理単位）別の繰越在庫、入庫、出庫、期末在庫のデータを揃えます。分析は全体の大局的な視点から進めますが、入出庫は日々行われ、それに応じて在庫が変動するため、詳細分析では日々の実績の動きが必要となります。また、商品マスターやサイズ・荷姿の情報を同時に入手します。拠点の図面、レイアウト図、空間の情報（段積数や梁下の有効天井高など）も必要です。図面やレイアウト図がなければ、その作成から始めます。現在は距離を測る機器も多くあり、それらを活用して2人1組で行うと効率的です（図表6-9）。

　データが入手できたら分析に着手します。改善のポイントなどが明確でないと工数がかかってしまうので、現状の問題点から改善ポイントを明確にします。保管効率向上と保管レイアウトの見直しでは、方向性が大きく異なるからです。

◆ 保管効率の向上

　保管効率の向上のポイントは、図表6-10に示す3点です。

　現状把握では、保管方法別の保管SKU、保管効率（平面、空間、間口）の現状を把握します。たとえば、パレットの直積、重量ラック（パレットラック）保管、棚保管（中量棚や軽量棚とそれぞれの奥行サイズ）に分けて把握します。

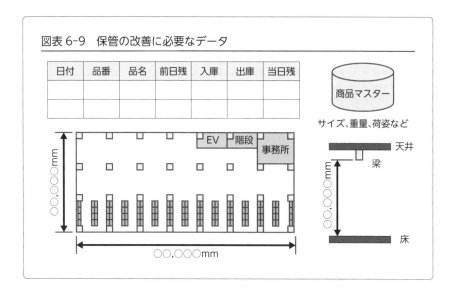

図表6-9　保管の改善に必要なデータ

日付	品番	品名	前日残	入庫	出庫	当日残

商品マスター

サイズ、重量、荷姿など

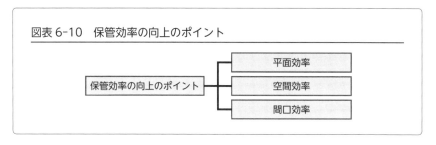

図表6-10　保管効率の向上のポイント

保管効率の向上のポイント
- 平面効率
- 空間効率
- 間口効率

①平面効率

　平面に対する保管効率のことで、通路ロスとして表現している場合もあります。算出に当たっては、保管方法（パレット直積み、軽量ラックなど）ごとのゾーンに分け、通路やその他面積と保管している面積を算出して効率を計算します。

　現場では、図面をもとに計測します。デッドスペースなど保管効率を悪化させる場所を把握しておき、レイアウトの改善につなげます。

②空間効率

　天井高に対する空間の活用度合いです。平面の保管効率を調査する際に同時に確認します。

③間口効率

　間口ごとの保管効率です。算出に当たっては、保管方法ごとに間口数を計算します。実績データの在庫をSKUごとの間口当たりの最大保管可能物量で割り、整数化することで間口数が算出できます。たとえば、在庫120個でパレット当たりの最大保管可能物量が100個ならば、1.2パレットが必要になります。実際は、小数点の間口はないので、ここでは2パレット（間口）として、最大200個保管できるものと試算します。

　このようにして集計すると、最大保管可能物量と実績在庫物量で保管効率が計算できます。ここで計算された間口数はあくまでも机上の計算なので、実際の間口数とは異なります。また、当然山欠けロス（パレットが満載でないために生じる空間のムダのこと）があるため、効率は100%ではありません。

　こうして計算された保管効率をもとに改善すべきポイントを明確にして改善します。たとえば、0.2パレットしか在庫がない商品は、そもそもパレット保管がよいのか、棚保管に変えるべきかを考える必要があります。パレット保管でよいとしても効率が悪いので、他の同様の商品と一緒にパレット上に保管したり、重量棚の間口の高さを半分にした保管場所をつくったりするなど、アイデアを出して検討します。また、棚1つに保管できる間口を増やすようにした場合は、隣の間口と商品が混在したり、ピッキングで間違えたりしないように仕切りを入れるなどの工夫も同時に行います。

　このような検討を進める場合、在庫分析で使うABC分析を活用してその商品の特性を把握して行います。

　保管効率向上のためには、保管機器の変更が必要な場合もあり、保管レイアウトの改善と合わせて検討します。

◆ 保管レイアウトの改善

　保管レイアウトの改善では、保管機器のレイアウトや出荷特性に合わせた保管場所の見直しを検討しますが、入庫から棚入れ、ピッキングから出庫の方法とも合わせて検討します。

現状把握では、商品サイズや特性、荷姿とともに SKU 別に ABC ランクを明確にします。また、物流センターの図面をもとに、保管だけでなく入出荷のバースや流通加工のスペースなども含めて、全体のレイアウトを把握します。

　次に、大きなブロックに分けて現状を整理します。ブロックとは、入荷、保管（ABC ランク別）、ピッキング、流通加工、出荷などの大きなくくりです。現在のレイアウトがスムーズに流れるようになっているかを検証します。一般的に物流センターの設計では、一方向から入出庫を行う「U 型」と、両面から入出庫を行う「I 型」のいずれかを基本にレイアウトされていることが多いため、その流れを考慮して、現状を把握します（図表 6-11）。

　「I 型」は入庫と出庫が同時に作業できて、レイアウトもつくりやすい形です。一方「U 型」は、前方で入出荷、後方で商品保管というように、エリアを分けやすいという特性があります。実際には、多層階の物流センターも多く、複雑になってしまいますが、できるだけシンプルな流れにすることが効率化のポイントです。

　ピッキング方法、搬送方法の見直しに合わせて、保管レイアウトを改善する場合もあります。検討に際しては、ピッキングの方法をもとに考えます。シングルピッキングをトータルピッキングに変更する場合は、荷捌きスペースが必要で、ダブルトランザクション方式に変更する場合は、保管エリアからピッキングエリアへの効率的な補充を考慮したレイ

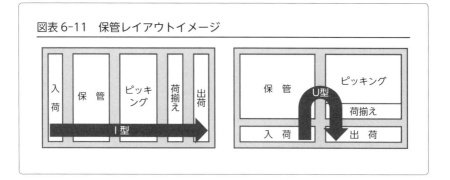

図表6-11　保管レイアウトイメージ

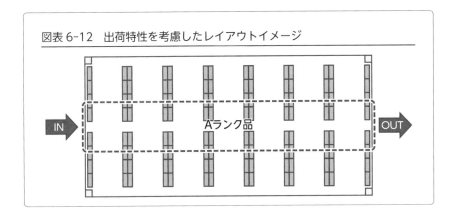

図表6-12　出荷特性を考慮したレイアウトイメージ

IN

Aランク品

OUT

アウト設計が必要です。また、新たにマテハン機器を導入する場合は、保管レイアウト以外に物流センター設計と同様の詳細な検討が必要です。

　保管場所見直しの基本的な考え方は、作業者の歩行距離をできるだけ減らすように商品を保管することです。そのためには在庫商品のABC分析を行い、レイアウト上でABCランクの商品がどこに保管されているかを把握します。

　Aランクは入出庫頻度が高いので、入出庫口近くに保管して荷役効率を上げると有利です（図表6-12）。Bランク商品は、Aランク商品の奥に保管するように考えます。またCランク品は、数量も少ないのでまとめて、Bランク品よりも奥に保管します。入出荷がない商品は、もっとも奥にまとめて保管してもよいのですが、不要な在庫であれば処分を検討します。

　このように、保管レイアウトの改善は、荷役作業と合わせて検討します。

5 ≫包装

◆ ユニットロード

　包装には「個装」「内装」「外装」がありますが、物流の作業単位は「外

装」であり、ここに注目します。物流の改善を包装面から考えると、物流上で受ける振動、衝撃、圧縮などの外力による影響を受けない包装を考えがちですが、個々の包装貨物ではなくパレットやコンテナを利用して1つのかたまりとして考えることも必要です。このかたまりをユニットロードといい、ユニットロード化を図って物流を効率化することをユニットロードシステムと呼びます。

JISの定義では「ユニットロードとは、複数の物品又は包装貨物を、機械及び器具による取扱いに適するように、パレット、コンテナなどを使って一つの単位にまとめた貨物。この目的に合致する1個の大形の物品に対しても適用する」「貨物をユニットロードにすることによって、荷役を機械化し、輸送、保管などを一貫して効率化するしくみをユニットロードシステムという」となっています。

ユニットロード化されると、機械荷役による効率化／省力化、ハンドリング数減少による商品のいたみの減少、検品工数の減少などの効果があります。一方、積載効率の低下、コンテナパレットなどの回収管理費用や補修費用なども掛かることになります。

ユニットロードシステムの代表例は、コンテナリゼーションやパレチゼーションです。コンテナリゼーションは、国際海上輸送を見るとわかりやすいでしょう。発地で商品を海上コンテナに詰め、トラックで港まで輸送し、船舶で目的国の港まで輸送してトラックや鉄道で着地まで運びます。またパレチゼーションは、統一されたサイズのパレットで発地から目的地まで一貫して輸送する一貫パレチゼーションが国内でも行われています。日本における一貫パレチゼーション用の標準パレットはT11型パレットで、サイズは1,100mm × 1,100mmとなっています。このサイズはISOで規定されているパレットサイズの1つですが、そのほかにも欧州全域で使われているパレット（ユーロパレット）の1,200mm × 800mm、アメリカで利用されているパレットの1,219mm × 1,016mm（インチをミリメートル換算）なども規定されています（図表6-13）。

また、一貫パレチゼーションによって荷役の効率化ができても、輸配

図表6-13　ISOで規定されているパレット寸法

単位：mm

ISO	JIS	備考
1,067 × 1,067		42インチ
1,100 × 1,100	1,100 × 1,100	日本のT11型一貫輸送用
1,140 × 1,140		
1,200 × 800	1,200 × 800	ユーロパレット
1,200 × 1,000	1,200 × 1,000	ヨーロッパ、アジアで幅広く利用されている
1,219 × 1,016	、	アメリカ標準、48 × 40インチ
	1,100 × 800	
	1,100 × 900	日本のビールパレット
	1,100 × 1,300	
	1,100 × 1,400	日本の石油化学業界で利用されている

図表6-14　包装モジュール寸法

モジュール寸法（mm）	備考
550 × 366	日本のT11型 1,100mmを2分割、3分割して作られている
600 × 400	ヨーロッパで利用される 1,200 × 800mmを2分割、3分割して作られている

送では積載効率が下がり、結果的に物流費が上がってしまうということ
が発生します。しかし近年は、労働力不足を背景としてパレチゼーショ
ンが進んできています。

◆ 包装モジュール

　ユニットロード化実現のためには、包装サイズが輸送機関、パレット、
コンテナなどに適合していなければなりません。現実にはさまざまなサ
イズがあるので、それらに対応できるようなモジュール化が必要です。
　包装モジュールは、日本で利用されている 1,100 × 1,100mm パレッ
トとヨーロッパで利用されている 1,200 × 800mm パレットをもとにJIS
では2種類のモジュール 550 × 366mm と 600 × 400mm が決められて
います。包装サイズを検討する際は、このモジュールを倍数や分割して

検討します（図表6-14）。

　従来は商品に合わせた包装設計が中心でしたが、現在は物流に合わせた包装設計が進んでいます。

6 ›› 情報システム

◆ 情報システム開発の現状

　現在の物流は、情報システムなしでは何もできません。また、技術革新や機器・ネットワーク利用の低廉化に合わせて、さまざまなシステムが登場しています。

　日本は諸外国と比べると、人間が上手に対応してしまう場面が多く、標準化しなくても業務が円滑に回るため、標準化がなかなか進まないという状況にあります。情報システムにおいても同様で、日本では多くの会社が自社の業務に合わせたシステムを開発・導入しています。パッケージソフトは、その設計思想に合わせて業務内容を変更しなければならないため、敬遠されてきました。また、パッケージソフトを利用する場合も、自社の業務に合わせてソフトウェアを改修・追加したりして、結局は最初からシステム開発したようなかたちで運用されてきました。

　しかし、取り巻く環境や技術革新のスピードは早く、開発したソフトウェアが長期間利用できるとは限りません。そこで短期間で開発できるパッケージソフトウェアや、ネットワークを介して利用するクラウド型のソフトウェア利用が進んでおり、自社の情報システム全体の中で物流関連のシステムをどうするかが課題となっています。

◆ 情報システムの改善

　情報システムの改善は、技術革新などのスピードや業界のトレンド技術革新などを考慮して、数年先を目標とする姿を検討します。この姿が固まったら、そこに到達するためのロードマップとマイルストーンを検

討します。たとえば、○年後に世界の物流業務を一括管理することを目標にすれば、△年後までに世界の倉庫管理システムをすべて対応できる新システムに導入するというかたちになります。これは、情報システムの戦略が策定されていればすでに明確ですが、戦略がなければこの検討からスタートします。戦略がないままに開発を進めると、将来つぎはぎだらけのシステム構成になる恐れがあるからです。

ロードマップにしたがって、どのようなシステムを導入するかの検討を進めますが、新規にシステムを導入する場合には、その機能、開発期間、費用などについての十分な検討が必要です。とくに物流の場合、業務がスムーズに、効率的に行われなければならないので、現在利用している機能を棚卸して、必要な機能、あればよい機能、現在はなくても将来追加したい機能などを細かく検討していきます。システム化される業務範囲が大きくなるほど開発費用もかかるので、その関係を十分に考慮して、システムの内容を検討します。パッケージソフトの場合は、自社の業務とのフィットアンドギャップ（業務への適合、不適合について確認すること）を十分に行い、業務をシステムに合わせるのか、システムを改修するかを決定します。

システム開発においては、「概要設計」「要件定義」を行ってから開発に入ります。開発では「外部設計」「内部設計」「プログラム開発」が行われます。次に「単体テスト」「結合テスト」「運用テスト」を行い完成します。さらに、運用前に「教育」「ユーザー向けツール整備」などがあり、本稼働後は必要に応じて「改修」を行い、以降「保守・メンテナンス」という流れになります（図表6-15）。

◆ 情報システムの開発手法

発注者は、進捗を管理するとともに、開発内容をその都度確認しながら、発注どおりのものが開発されているかを確認します。発注者の意向と開発内容が異なれば、使えないシステムとなってしまう危険があるため、両者が十分にコミュニケーションをとって進めます。

開発側はこのようなニーズに対応するため、システムの開発内容を小

図表6-15　システム開発のステップ

構想の策定	・将来構想策定 ・ロードマップ策定 ・導入システム選定
設　計	・概要設計 ・要件定義
開　発	・外部設計 ・内部設計 ・プログラム開発
テスト	・単体テスト ・結合テスト ・運用テスト
導　入	・教育 ・ツール整備
運　用	・改修 ・保守・メンテナンス

刻みに発注者に提示して、確認しながら進める開発手法がとられています。

　情報システムの開発では、目標とする姿を明確にし、ロードマップを整備して進めることが必要です。

7 ≫国際物流

◆ しくみ、貿易条件

　日本企業も国際化が進んでおり、輸入・輸出業務についても内容を理解した上での効率的な業務運営が求められます。国内物流と国際物流の管理部署が異なっていたり、業務を専門事業者にすべて委託していて、

管理が不十分だという例もあります。まずしくみを理解して、改善を進める必要があります。

　国際物流が国内物流と異なるのは、「貿易という商流と密接に関連していること」「国をまたぐため通関という業務が必要なこと」「国や商品によって異なる関税がかかる」という点です。

　貿易は国をまたがっており、代金回収や商品の入手などさまざまなリスクがあります。そこで役立つのが信用状（L/C：Letter of Credit）による取引です。輸入者と輸出者の貿易取引を銀行が仲介する安全な取引です（図表6-16）。

　また、取引条件を定めている「インコタームズ（Incoterms）」にし

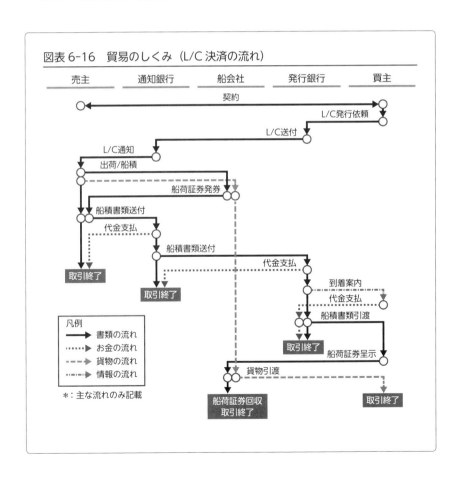

図表6-16　貿易のしくみ（L/C 決済の流れ）

図表 6-17　インコタームズ 2010

あらゆる輸送形態に適した規則	EXW	Ex Works	工場渡し
	FCA	Free Carrier	運送人渡し
	CPT	Carriage Paid to	輸送費込み
	CIP	Carriage and Insurance Paid to	輸送費保険料込み
	DAT	Deivered at Terminal	ターミナル持込渡し
	DAP	Delivered at Place	仕向地持込渡し
	DDP	Delivered Duty Paid	関税込み持込渡し
海上および内陸水路輸送のための規則	FAS	Free Alongside Ship	船側渡し
	FOB	Free on Board	本船渡し
	CFR	Cost and Freight	運賃込み
	CIF	Cost, Insurance and Freight	運賃保険料込み

たがって貿易が行われています。この取決めは国際商業会議所が定めた貿易条件で、法律でも条約でもないため法的な制限はありませんが、現在貿易条件のスタンダードとなっています。この中では、コスト負担と危険負担の境界が決められており、この点の理解も必要です（図表6-17）。

♦ よくある問題点

　国際物流でよく見受けられる問題点として、次の4つがあります（図表6-18）。

①コスト

　コストに関しては、妥当性を評価するモノサシ（基準）がないことが多く、契約単価が割高になっている場合があります。また、委託事業者からさまざまな費目で諸掛を請求されていますが、その範囲などが不明確で他社と比較が難しく評価できないため、そのまま支払っていることがあります。

②管理

　物流実態が十分に把握できていない場合があり、管理が十分でないことがあります。

図表 6-18　国際物流でよくある問題

区分	問題	概要
コスト	物流コストの基準がない	・コスト（運賃・諸掛など）の妥当性を評価するモノサシがない
管　理	物流の実態が十分に把握されていない	・委託先にまかせっきりで現状を把握していない ・委託先を評価するしくみがない
	物流マネジメントが未整備	・管理指標の設定が十分でなく、PDCA サイクルが回っていない
組織・体制	物流管理体制が十分に構築できていない	・全社の物流を統括する組織がない ・必要な組織機能が不足している
物流戦略・ネットワーク	物流ネットワークが最適化されていない	・事業構造の変化に応じて物流ネットワークを柔軟に見直していない

③組織

　統括して管理する組織がなく、物流管理体制として不十分なことがあります。

④ネットワーク

　事業構造の変化に応じて物流ネットワークを柔軟に見直していない可能性があります。

◆ 改善の進め方

　国際物流の問題を解決する方向としては、次のようなものがあります。

①コスト

　コストは諸掛と運賃に分かれます。諸掛は、現状の請求項目を整理し、同じものは統一の費目を設定し、同一の名称で範囲が異なっている場合は名称を工夫して、別のものとして扱えるように明確に定義します。

　これらの費目に対して、共通に使う費目と個別案件ごとに出てくる費目に分け、共通となる費目は現状の委託料金や市況などで基準値や目標値を設定します。新規の見積を依頼する場合は、費目とサービス範囲を明確にして依頼するため、複数社の見積金額を比較できることとなり、同時に基準値との位置づけも見られるようになります。

　運賃は市況に左右される要素があるため、そのトレンドを十分に把握

して料金のレベルを評価します。また、航空便では、到着までのリードタイムや利用する便などによって料金が異なるため、自社が必要なサービスを明確にして、便を選定します。

　また、事務面の効率化では、AEO（Authorized Economic Operator）制度の活用があります。AEO制度は、貨物のセキュリティ管理と法令遵守の体制が整備された事業者に対して税関が承認・認定して税関手続の緩和・簡素化策を提供する制度のことです（図表6-19）。

②管理、③組織

　管理と組織の問題解決策としては、国際物流の一括管理体制の整備があります。さらにサプライチェーン全体を考えると、国内物流と国際物流を一括して管理するほうがよいでしょう。すべてを自社で対応することが難しければアウトソーシングし、委託先と一緒になって管理します（図表6-20）。

図表6-19　AEO制度

- ●特定輸出者制度　　　　（AEO輸出者）
- ●特例輸入者制度　　　　（AEO輸入者）
- ●特定保税承認者制度　　（AEO保税承認者）
- ●認定通関業者制度　　　（AEO通関業者）
- ●特定保税運送者制度　　（AEO保税運送者）
- ●認定製造者制度　　　　（AEO製造者）

図表6-20　目指すべき管理構造

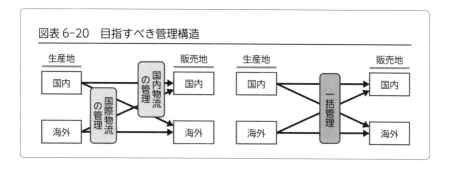

④ネットワーク

　事業構造の変化に応じて、柔軟に物流ネットワークを見直していかなければなりませんが、その場合細かな条件を考えるのではなく、まず大きな視点で拠点立地、製品の配置や在庫、輸送方法などの現状を整理し、改善アイデアとの比較を行います。国際物流の場合、実にさまざまな方法があるので、有利な方向性を先に絞ったほうがよいからです。

　VMI（Vendor Managed Inventory）という手法を取り入れることで、ネットワーク上のリードタイム短縮が可能となります。VMI は国内物流でもありますが、国際物流では非居住者在庫管理と訳される場合もあります。これは、納品側（ベンダー）が納品先の相手国に保税の在庫を持ち、必要に応じて通関し供給するしくみことです（図表6-21）。

　このしくみを取り入れる納品側のメリットは、生産地からの納品よりもリードタイムが短縮され、サービスレベルが向上することです。また、保税で保管しているので、汎用品では他の消費地に転送するなど、ムダな在庫を削減できることです。一方、発注側の企業にとっても、必要なときに必要な分だけ納品されるため、在庫を削減できるようになります。

　実施に当たってのポイントは、詳細な契約だけでなく、情報共有することです。そこで、共有化の方法やタイミングなどの設計が重要となります。また、納品側は需要予測も重要です。この精度が低いと余計な物流をしてしまうこととなるからです。

　また、物流の改善ではありませんが、自由貿易協定（FTA：Free Trade Agreement）を活用すれば、関税率を抑えることが可能です。

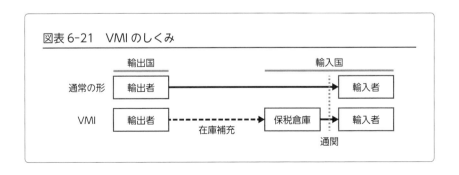

図表6-21　VMI のしくみ

図表 6-22　FTA と EPA

経済連携協定 （EPA：Economic Partnership Agreement） 貿易の自由化に加え、投資、人の移動、知的財産の保護や競争政策におけるルールづくり、さまざまな分野での協力の要素などを含む、幅広い経済関係の強化を目的とする協定	自由貿易協定 (Free Trade Agreement、FTA) 特定の国や地域の間で、物品の関税やサービス貿易の障壁などを削減・撤廃することを目的とする協定

　FTA とは、特定の国や地域の間で、物品の関税やサービス貿易の障壁などを削減・撤廃することを目的とする協定です。近い制度として、経済連携協定（EPA：Economic Partnership Agreement）があります（図表6-22）。EPA は FTA より幅が広く、貿易の自由化に加え、投資、人の移動、知的財産の保護や競争政策におけるルールづくり、さまざまな分野での協力という要素を含む、幅広い経済関係の強化を目的とする協定のことです。日本は当初から EPA を推進してきましたが、近年世界で締結されている FTA の中には、EPA 同様の幅広いものも見受けられます。ただし、FTA 税率を適用するためには、FTA 締約国を原産地とする原産品である必要があります。

　国際物流の改善においては、これ以外にもさまざまな手法があるので、自社に合わせた改善の検討を進めます。

8 » 改善の進むしくみ

◆ 効率化につながる料金体系

　荷主の物流担当者から、「委託先の物流事業者からの提案がない」「もっと提案してくれないと困る」という話しをよく聞きます。物流業務の委

託では、荷主と物流事業者は委託側・受託側という関係もあり、荷主から言われると改善提案をすることになります。しかし、物流事業者にとっての改善提案は、売上減少／利益減少につながることが多く、提案をしなくて済むならそれに越したことはありません。効果の大半を荷主が享受することも多く、結果として提案は行われず、改善が進まない状況が生まれます。

　改善を進めるにあたっては、自らが改善するだけでなく、改善が進むしくみを取り入れます。その１つが、委託側の努力が効率化につながるような料金体系を採用することです。サービスを通常分と個別に行われている付加サービスに分解し、通常料金＋付加料金のような体系にします。こうすると、委託側は付加料金を減らす努力をするので、付加サービスが削減できます。

　たとえば、料金体系に時間指定配送料金を設定します。そのコスト増加分を営業が負担するしくみにすれば、営業は時間指定を減らす努力をするようになるので、結果的に支払運賃が削減されます。一方物流事業者も、売上は減っても効率が上がることでコストが低減できるので、受け入れやすくなります。

◆ 成果配分

　「成果配分」というしくみもあります。これは、委託側と受託側が共同で改善し、その効率化の成果を配分します。このしくみはゲインシェアリング（Gain Sharing）とも呼ばれています。これまで受託側は、自分が不利になるような改善はしたくないという意識が働いていましたが、このしくみを導入すると、成果が配分されるので提案が増え、結果として効率化が進むことになります（図表6-23）。

　具体的には、成果配分の仕方、配分の期間、方法について検討します。成果配分は一律の比率とするのではなく、どちらのアイデアなのか、設備投資はどちらがしたか、実現に至る工数はどちらが多かったかというように、実現までの貢献度によって決定します。毎回の検討が大変ならば、貢献度試算表のような簡易的な試算表を作成して配分比率を導き、

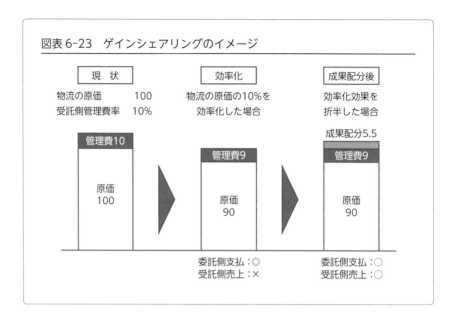

図表6-23　ゲインシェアリングのイメージ

現　状	効率化	成果配分後
物流の原価　　　100 受託側管理費率　10%	物流の原価の10%を 効率化した場合	効率化効果を 折半した場合

管理費10
原価100

管理費9
原価90

成果配分5.5
管理費9
原価90

委託側支払：◎
受託側売上：×

委託側支払：○
受託側売上：○

それをもとに最終決定するようにして工数を減らすことができます。

　また、この成果配分期間は一定期間に限ったものが多く、配分方法は、料金表を変更する場合と別にする場合があります。いずれの場合も、担当者の変更などがあってもわかるように、配分内容について明記しておきます。

　活動の進め方は、最初に効率化するテーマを双方で抽出し、その中で効果が大きなテーマ、実現が容易なテーマから検討を進めていきます。その後は、進め方、スケジュール、役割分担などを決めて検討を開始し、進捗は月次で確認していきます。

　改善案の準備ができたら新体制に移行しますが、成果の試算に必要なので、移行前の実績はしっかりとらえておきましょう。成果は月次で確認し、決められた期間でテーマごとの成果を集計して配分します。

　このようなしくみはほんの一例で、自社に合ったしくみを検討していきます。

9 >> 改善手法

◆ 改善手法（基本情報の整理）

　物流改善では、最初に現状把握を行います。そのためには、次の2つのフローを作成しなければなりません。

①物流フロー

　物流の全体像をつかむために作成するもので、部門間の商品や情報の流れ、物量などを記載します（図表6-24）。

　まず関係する部署を書き出し、物流センターの面積などの規模と在庫物量などを記載します。次に部署間の商品の流れを矢印で表示し、物量や手段などの情報も記載します。情報の流れは、まず顧客から受注情報を受信し、出荷指示を出す部門などに矢印を記載して、締切時間などの情報を大まかに記載します。作成レベルは、「これを見れば全体像がわ

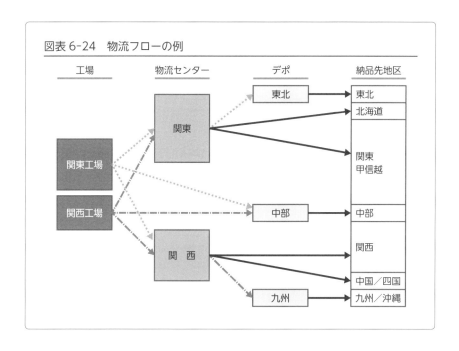

図表 6-24　物流フローの例

かる」です。情報が多すぎると逆にわからなくなるので、バランスを見ながら作成します。また、白黒のプリントでもわかるように、線の種類を変えるなどして作成するのがコツです。

②業務フロー

業務の流れをつかむために作成するもので、関係する部署でどのような流れで業務が行われるのかについて記載します（図表6-25）。

業務フローの書き方は、「産能大式」「NOMA式」「日能式」などが一般的ですが、難しく考えず独自のルールを加えてもよいので、プロセスを明確にし、作業している時間帯も含めて作成します。このとき情報システムとの関係を明示することが重要です。これは情報システムの支援なしに物流業務はできないからです。

業務フローは、その用途によって必要な記載内容の細かさが変わってきます。一般的には、関係部署を並べて、その間の情報の流れについて、伝票／帳票や情報システムの処理などを時系列に記載します。また、情

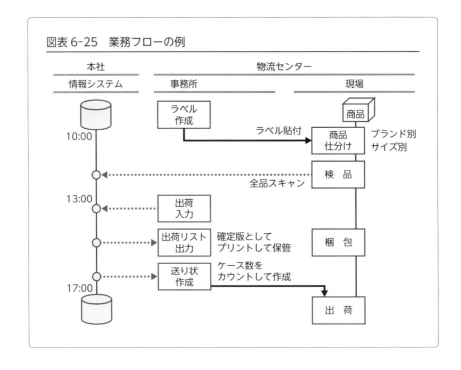

図表6-25　業務フローの例

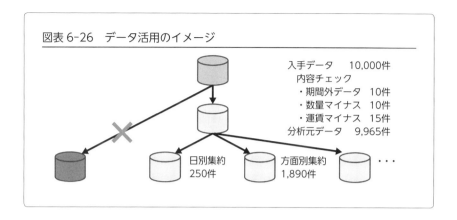

図表 6-26　データ活用のイメージ

入手データ　10,000件
内容チェック
・期間外データ　10件
・数量マイナス　10件
・運賃マイナス　15件
分析元データ　9,965件

日別集約
250件

方面別集約
1,890件

. . .

報の流れと同時に、商品の流れを記載します。伝票と商品を確認したり、ハンディスキャナで商品のバーコードを読んだりする、情報と商品が合流するところも明記します。このフローは、可能な限り時間も明記します。

　業務フローは、作業マニュアルなどと同様に、日常の業務を明示したものですから、変更があればそのつどメンテナンスして、最新の状態に保たれるようにします。

　物流改善では、定量的データをいろいろな角度から分析することが求められるので、その手法を理解し、活用できるようにします。その分析のためにまず行うことは、検討用のデータ作成です。実績データは電子データとしてすぐに入手できますが、検討する際にはそのままでは活用できません。データをキレイにする（データのクレンジング）作業が必要です。この作業では、データの各項目にイレギュラーな値が含まれていないかを確認します。その値はそのまま削除してよいのか、内容を修正すべきかなど判断し、履歴を記録しておきます。検討にはいくつものデータを使うのではなく、クレンジングした基本データを使うようにします。複数のデータを使うと、整合性が取れなくなり、後戻りを余儀なくされる場合があるからです（図表6-26）。

◆ 改善手法（物流ABC）

　物流 ABC の ABC は「Activity-Based Costing」の略で、「活動基準

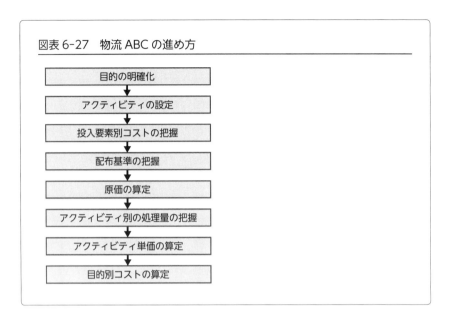

図表 6-27　物流 ABC の進め方

目的の明確化

↓

アクティビティの設定

↓

投入要素別コストの把握

↓

配布基準の把握

↓

原価の算定

↓

アクティビティ別の処理量の把握

↓

アクティビティ単価の算定

↓

目的別コストの算定

原価計算」と言われています。物流 ABC では、仕事を小さな単位（アクティビティ）に分解してコストを把握します。これにより、アクティビティの組合わせである作業のコストが細かく把握できることになります。

　作業のコスト構成が明確になると、コスト削減を図る際にどこに目を付ければよいかが見えてきます。また、商品や顧客別に作業ごとのコストを比較することで、問題点が発見しやすくなります。

　物流 ABC 算定の流れは、次の 8 つの手順となります（図表6-27）。

①目的の明確化

　実施の目的を明確にします。これは目的によって計算の細かさが変わってくるからです。

②アクティビティの設定

　活動をアクティビティに分解します。このとき、通常行われている活動を取りあげて内容を明確にします。

③投入要素別コストの把握

　人や荷役機器、スペースや保管設備などのコストを把握します。

④配布基準の把握

　投入要素別コストをどのような基準で配布するかを決めます。たとえば、人件費は作業時間で配布する、事務処理費は伝票枚数で配布するなどです。

⑤原価の算定

　個々のアクティビティだけにかかるコストはそのアクティビティに算入し、その他のコストは配布基準に沿って配布します。これによりアクティビティ別にコストが算定されます。

⑥アクティビティ別の処理量の把握

　アクティビティごとの処理量を把握します。

⑦アクティビティ単価の算定

　原価の算定で計算された原価を処理量で割ることで、アクティビティごとの単価が算出されます。

⑧目的別コストの算定

　たとえば顧客別のコストを把握する場合、アクティビティ単価と顧客の処理量を掛けてアクティビティごとのコストを算出し、これらを合計することで顧客のコスト合計が算出されます。このように試算することで、改善ポイントを絞りやすくなります。また、顧客別などの原価に分解できるので、かかっている物流費の評価ができます。

　物流 ABC の活用で注意すべき点は、試算した結果は、あくまで過去のある時点のコストや物量による単価であるということです。物流は日々変化しており、たとえば管理費を物量で配布すると、物量が変われば配布されるコストも変化し、アクティビティ単価も変わるためです。

◆ 改善手法（インタビュー、アンケート）

①インタビュー

　現状を把握したり、改善案についての意見を聞いたりするときは、インタビューを行います。

　インタビューのコツは、当たり前だと思ってもあえて聞いてみたり、違う立場の人に聞いてみたりするなど、相手の声に耳を傾け、現状の真

図表6-28　インタビューシートのイメージ

○○株式会社　○○部御中　　　　　　　　　　　　　　　　2020/3/31
物流サービス向上についてのインタビュー　　　　　　　　　□□株式会社

● 目　的　　　　　　　　　　　　　● 現在考えている案1

● 所要時間

● お聞きしたいこと　　　　　　　　● 現在考えている案2

実をうまく引き出す「聞き上手」になることです。その際、まっさらな
状態で聞くのではなく、今まで知りえた情報をもとに「内容を確認する」
「不明点を解消するために聞く」「こちらの考えや案に対する意見を聞く」
ことです。

　進め方としては、まずインタビューの目的、内容、所要時間などにつ
いて整理した資料（インタビューシート）を作成して、事前に相手に送
付しておきます。これは、「インタビューを受ける側に事前準備の時間
を取ってもらう」「インタビューを短時間で効率的に進め、かつ内容の
抜け漏れを防ぐ」ためです（図表6-28）。

　インタビューは、進行役と書記の2人で行うのが基本です。決められ
た時間内に重要なことはすべて聞くことを心がけ、聞かなかったという
項目がないようにします。また、不足点を後日確認する場合があること
も伝えておきます。

　インタビューに際して気を付けなければならないのは、貴重な時間を
いただいているという意識です。また、録音装置の使用は事前に同意を
得るなど、マナーについても十分に配慮します。あくまで録音装置は聞
き漏らしを確認するためであり、録音しなくても大丈夫という気持ちが
大切です。

　物流に関するインタビューでは、物流フローや業務フローなど、内容
を正しく理解するため、資料を使うことが大切です。また、当初予定し

ていた内容以外の話題も多く出ている場合は、予定時間内に終るように進行には十分注意します。

②アンケート

インタビューは個別に行いますが、物流現場の作業員全員の意見を集約したいときなど多くの人の意見を集めるには、アンケートが有効です。

アンケートを実施する際のポイントは、目的（聞きたい項目）とゴール（想定される答え）を整理し、それを質問形式にすることです。ただし、回答を誘導しないように注意します。無記名で行う方が自由な意見が出ますが、後の分析を考えると役職や経験などの属性は把握しておく必要があります。

また、作成に当たっては質問量も考慮します。多すぎると書いてもらえなかったり、ラフになったりしますが、少なすぎると、聞きたいことが聞けなくなるので、そのバランスに注意して質問を作成します。質問順を考えて、同じような内容はまとめて聞くようにします。また、解答欄は漏れなくダブリのない選択肢を用意し、フリー記述欄は必要な項目だけにします。

さらに、事前に集計方法を検討して作成するのが効率的に進めるコツです。

このようにして、改善ではインタビューやアンケートをもとに事実を把握します。

◆ 改善手法（観測）

物流改善で現場の状況を把握したいときには、現場観測を行います。その際よく利用されるのが「ワークサンプリング」や「連続観測」です。

①ワークサンプリング

ワークサンプリングは、作業者や機械の稼働状態、仕事の種類などを瞬間的に観測し、対象観測項目の時間構成割合を統計的に推測する方法です。ロスを定量化して改善のための対象を絞り込む、おおよその各作業、状態の時間値を把握するなどに活用されます。

その手順は以下の5つです。中でも2番目の「観測項目の分類／定義」

図表 6-29　ワークサンプリングの進め方

```
┌──────────────────┐   ・目的の明確化
│  観測目的の決定    │   ・調査対象、調査範囲の明確化
└──────────────────┘
         ↓
┌──────────────────┐   ・観測項目の仮決定
│ 観測項目の分類/定義 │   ・事前調査の実施
└──────────────────┘   ・観測項目の見直し
         ↓
┌──────────────────┐   ・観測タイミングの決定
│ 観測前提条件の決定 │   ・観測数の決定
└──────────────────┘
         ↓
┌──────────────────┐   ・観測用紙の内容を再度確認
│    実　施        │   ・観測者全員の認識の統一
└──────────────────┘
         ↓
┌──────────────────┐   ・観測したデータの整理／資料化
│    まとめ        │   ・問題解決につなげる
└──────────────────┘
```

はとても重要です（図表6-29）。

・観測目的の決定

　知りたいこと、調査対象、調査範囲などを誰でもわかるように明確に整理します。観測の目的により、観測内容やその細かさが決まりますが、観測する時間や工数などとのバランスを取って決定します。

・観測項目の分類／定義

　現場インタビューなどから観測項目を仮決定し、事前調査を行います。事前調査で観測項目の過不足や判断しにくい項目を抽出します。ここで改良を加えるのは、本観測をスムーズに進めるためです。

・観測前提条件の決定

　観測タイミングや観測数は、本来IE（Industrial Engineering）の考え方に従って算出すべきですが、物流に応用する場合はもう少し簡易な方法をとることもできます。

　観測タイミングは、周期性がない場合は等間隔サンプリング、周期性

があるときはランダムサンプリングを行うのが基本ですが、物流においては、多くの場合等間隔サンプリングで行います。

観測数は、信頼性や相対誤差などを使った数式で算出するのが基本です。物流においても観測数は大切ですが、膨大な観測日数を要する場合もあるので、観測項目の発生などの条件を考慮してサンプル数を決定します。

・実施

実施段階では、観測用紙の内容を再度確認し、観測者全員の認識を統一して行います。必要に応じて、観測者全員によるテスト観測やVTRに撮影した画像を見てディスカッションを行います。

・まとめ

観測したデータをまとめるとともに、わかりやすく資料化します。

ワークサンプリングを1日行うと、時間帯別の作業構成が把握できます。この結果から不稼働・付帯作業発生の特性を把握して、作業工程の改善につなげることが可能です。しかし、作業の生産性や作業手順などについては観測できないため、時間研究や工程分析などの他の手法と組み合わせて、掘り下げていきます。

ワークサンプリングでは、観測者に対して複数の観測対象の観測が可能です。観測の代わりにVTRに撮影することで観測工数を減らすように工夫している例が多くありますが、撮影した画像の読取りに時間がかかるため、トータルでは大きく工数が減ることにはなりません。

②連続観測

もう1つの観測方法である連続観測は、観測対象の作業内容と時間を連続して観測する方法です。作業の詳細とその時間を知りたいときに利用します。

進め方はワークサンプリングと基本的に同じです。観測結果が対象者の特性に左右されるため、観測対象者の選定や観測者数は十分検討して決定します。連続観測では、詳細の作業まで把握できるので、観測中に問題点が発見できます。

どちらの観測方法を採用するかは観測目的によって異なりますが、観測方法の特性を十分に把握して方法を決定します。

◆ 改善手法（アイデア抽出）

　改善では、改善策を抽出し、評価してよりよい施策を実行することが求められます。さまざまな視点から、改善策が数多く出されることが、よい施策を選ぶことにつながります。

　そのアイデア抽出の際に使う手法としてよく使われるのが、メンバーが集まって行う「ブレインストーミング」です。ブレインストーミングは、A・F・オズボーン氏が考案した技法で、その名のとおり脳に嵐を起こしてさまざまなアイデアを出す手法です。ブレインストーミングは「他人の意見を批判しない」「自由奔放に考える」「質より量を重視する」「他人の意見に便乗して考える」という4つの基本的なルールがあります。

　進め方は簡単で、まず意見を出すテーマや範囲を明確にします。便乗した意見を出せるようにメンバーの発言はホワイトボードなどに書き出します。その後意見を整理してカードに記入します。これはKJ法などの手法によって整理をするためです。

　最初のうちはあまり意見が出ないので、進行役が事前に準備したアイデアからスタートします。話が進んでくると話が脱線する場合がありますが、多少話が脱線しても、そこからアイデアが出る場合もあるため、進行役は脱線し過ぎないように注意しながら、予定の時間とのバランスを取って進行します。

　アイデア出しをする場合、「ECRS（イクルスもしくはイーシーアールエス）」「SCAMPER（スキャンパー）」が有効です（図表6-30）。

　「ECRS」は、E：排除（Eliminate）、C：結合（Combine）、R：交換（Rearrange）、S：簡素（Simplify）の英語の頭文字からとっています。

　また「SCAMPER」は、ブレインストーミングを考案したオズボーン氏が「オズボーンのチェックリスト」として考案したアイデア捻出技法を改良したものを覚えやすくしたものです。

　S：代用できないか（Substitute）、C：結合できないか（Combine）、A：応用できないか（Adapt）、M：修正／拡大できないか（Modify）、P：転用できないか（Put to other uses）、E：排除できないか（Eliminate）、

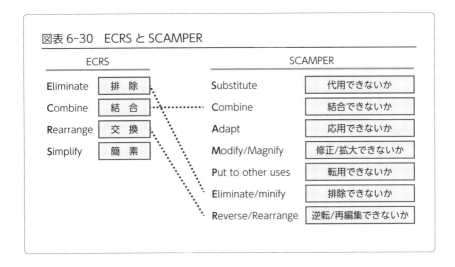

図表6-30　ECRS と SCAMPER

ECRS

Eliminate	排　除
Combine	結　合
Rearrange	交　換
Simplify	簡　素

SCAMPER

Substitute	代用できないか
Combine	結合できないか
Adapt	応用できないか
Modify/Magnify	修正/拡大できないか
Put to other uses	転用できないか
Eliminate/minify	排除できないか
Reverse/Rearrange	逆転/再編集できないか

R：逆転／再編集できないか（Rearrange または Reverse）の英語の頭文字とっています。

　物流改善のアイデア抽出で活用する際は、切り口が多いので「SCAMPER」を使うことが多いでしょう。どちらを使うにしろ、まず「排除できないか」を考えます。これは「ムダな物流をしない」ことが最優先だからです。

◆ 改善手法（QC七つ道具）

　物流管理を進める手法としては、品質管理で使われる「QC 七つ道具」が有効です（図表6-31）。

①グラフ

　2つ以上の要素の関係を表した図表のことです。伝えたいことに合わせてグラフの種類を選びます。たとえば、円グラフは要素の構成状況の把握、棒グラフは要素間の差の把握、折れ線グラフは要素の推移の把握などに使います。物流では、データを分析して計画を立てることが多く、その現状把握には欠かせません。

②パレート図

　データを原因別や事象別に分類し、データの多い順に整理した棒グラ

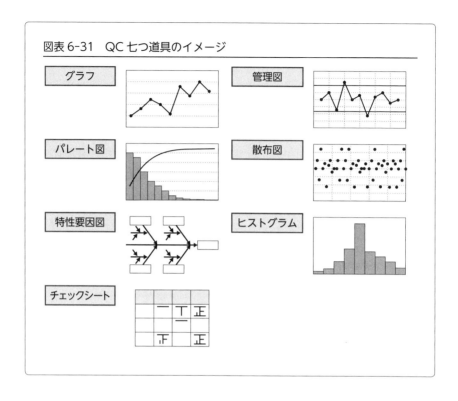

図表6-31　QC七つ道具のイメージ

グラフ

管理図

パレート図

散布図

特性要因図

ヒストグラム

チェックシート

フと、その累積構成比を折れ線グラフで表した図のことです。物流では、在庫分析やレイアウトの改善などで幅広く活用されています。

③特性要因図

問題に影響を与えると考えられる要因を繰り返し抽出して整理した図表のことです。要因が系統的に整理されているので問題の根本原因が絞り込みやすく、解決すべき課題設定に役立ちます。「魚の骨」(フィッシュボーン・チャート) とも呼ばれています。

問題点を整理するためのその他の手法としては、連関図やロジックツリーなどもあります。物流に限らず用途が広くて基本となる手法です。

④チェックシート

確認事項などが漏れなく行われたかどうかを確認するため、データの収集や整理をするために使われます。物流では、さまざまな点検簿などがありますが、現状把握の際のデータ観測時にも利用します。

⑤管理図

製品などのデータをプロットし、そのデータの推移を表した図のことです。製造現場では、品質が一定範囲内に入っているかを見るために使用されます。一方物流では、上限と下限を設定する考え方を、さまざまなグラフに当てはめて活用できます。

⑥散布図

2つの対となったデータをグラフにプロットし、そのデータの相互関係を表したのが散布図です。在庫の分析では、アイテムごとの状況を表すためによく利用されます。

⑦ヒストグラム

データを一定の区間で集計し、その数を棒グラフで表したもので、度数分布図や柱状グラフとも言われています。物流では、時間帯別の作業量を表示するなどに活用できます。

図表 6-32　IE 七つ道具

工程分析	作業の流れを分析し、工程全体のムダを削減して改善を図る分析手法
動作研究	作業中の動作を分析し、効率的で疲労の少ない動作の順序や組合わせを検討するための手法
時間研究	作業の時間を観測し、ムダを排除して、作業時間の効率性を高めるために利用される手法
稼働分析	人や設備の稼働状況を観測し、その結果をもとに全体を推測する手法
連合作業分析	連合作業を分析する手法で、物流では2人一組の作業やマテリアル・ハンドリング機器利用の作業などを分析する
ライン・バランス分析	ラインの工程間におけるバランスを分析する手法で、物流業務では工程間の作業バランスを分析する
マテリアル・ハンドリング	モノの移動に関わる作業に関しての現状を把握し、効率的な工程にするための手法

◆ 改善手法（IE七つ道具）

　物流作業の改善では、IEの考え方を効果的に活用します。IEには、次に示す「IE七つ道具」と呼ばれる分析手法があります（図表6-32）。

　現在、連合作業分析、ライン・バランス分析の代わりに、レイアウト研究、事務工程分析を採用している場合もありますが、古くから用いられている手法を取りあげています。

①工程分析

　作業の流れを分析し、工程全体のムダを削減して改善を図る分析手法です。作業方法を加工・運搬・検査・停滞の４つに区分して整理することで現状を把握し、改善につなげます。物流では、物流センター内の作業や工場内での物流を分析する際に活用されています。

②動作研究

　作業中の動作を分析し、効率的で疲労の少ない動作順序や組合わせを検討するための手法です。物流では、場所を移動しないで行う流通加工などの細かい作業改善に利用されています。

③時間研究

　作業の時間を観測し、ムダを排除して、作業時間の効率性を高めるために利用される手法です。物流では、繰返し作業を一定回観測（もしくはVTR撮影）して、その時間を分析するために利用されています。

④稼働分析

　人や設備の稼働状況を観測し、その結果をもとに全体を推測する手法です。物流では、ワークサンプリング法などを利用して非稼働時間を把握し、改善につなげるなどに利用されます。

⑤連合作業分析

　複数の作業者や作業者と機械が連携して行う作業について、それぞれの作業時間を分析することで、最適なバランスがとれるような作業を検討するために行います。物流では、２人１組の作業やマテリアルハンドリング機器利用の作業などの分析に使われています。

⑥ライン・バランス分析

　生産ラインにおける工程間の時間のバラツキをなくすために使われる手法です。物流では、ピッキング工程と検品／梱包工程などの工程間の作業バランスを整える場合などに利用されています。

⑦マテリアルハンドリング

　モノの移動に関わる作業に関しての現状を把握し、効率的な工程にするための手法です。物流では、物流センター内など幅広く活用されています。マテリアルハンドリングの機器を使わない場合も含まれています。

物流改善

　物流改善は継続的に行うもので、「ここまでで終わり」というものでは
ありません。公益社団法人日本ロジスティクスシステム協会が毎年出し
ている『物流コスト調査報告書』には、物流コスト改善策のランキング
が掲載されていますが、上位のテーマはほとんど変化がありません。つ
まり、上位のテーマは多くの企業が行っていることであり、継続的なテー
マでもあるともいえます。

　物流改善についてお話しをする場面では、相手の経歴や経験もまちま
ちなので、まず重要な点を理解していただけるようにと考えます。

　その1つは、問題点の把握と整理です。改善は、問題点を正しく把握
することがスタートであり、あげた内容が本当に問題点なのかどうか、問
題点が正しく表記されているかなどがポイントです。この段階では、多
くの問題点を抽出するようにします。

　次に問題点の整理ですが、問題が発生する原因を整理し、「なぜなぜ」
の原因追及ができているかがポイントとなります。ここまでが大変なの
ですが、頑張りどころです。ここまでしっかりできれば、あとはステップ
を踏んで進めるだけです。

　最後は、改善案の選定です。改善策の選定では評価尺度を使って評価
していきますが、効果の大きなものを選定することが多いでしょう。しか
し、効果は小さくても、すぐに成果の上がるテーマを先に実行すること
で、成功体験を積み上げることができます。

　これが改善活動推進のコツです。つまり、改善のシナリオをうまく書く
ことが成果を上げる近道といえます。

第 **7** 章

ロジスティクスが抱える
課題とその解決策

　この章では、ロジスティクスが抱える課題とその解決策について取り上げます。課題は大きく3つで、物流業界の深刻な人手不足への対応、企業評価の見方が変わることへの対応、技術革新も含めた強い物流への対応です。これらについて、具体的な現在の動向から、対応すべき内容を整理します。また、技術革新は現在話題のものを中心に取り上げています。そして、最後にその課題の解決に対する考え方を取り上げます。

1 » 人手不足への対応

◆ 人手不足の現状

　現在、日本では少子高齢化が叫ばれていますが、物流業界の人手不足は深刻です。厚生労働省の資料によると、1995年に98万人いたドライバーが、2015年には76.7万人と、20年間で22％減少しました。2018年の労働力調査では、45〜59歳の就業者数は全産業平均の32.8％に対して、道路貨物運送業は44.8％となっています。また、15〜34歳の就業者数は全産業平均の25.1％に対して、道路貨物運送業では14.9％となっており、若手が少なく高齢者層が多いことがわかります（図表7-1）。

　さらに、国土交通省の資料によると、2017年の年間所得額は全産業平均の491万円に対して、大型トラックドライバーで454万円、中小型トラックドライバーで415万円となっています。一方、年間労働時間は全産業平均の2,136時間に対して、大型トラックドライバーで2,604時間、中小型ドライバーで2,592時間となっており、長時間労働にもかかわらず賃金が低いことがわかります（図表7-2）。

図表7-1　年齢別の就業者構成

	全産業	道路貨物運送業
15〜34歳	25.1%	14.9%
45〜59歳	32.8%	44.8%

出所：厚生労働省資料より作成

図表7-2　年間所得と労働時間

		全産業	道路貨物運送業	
			大型トラック	小中型トラック
年間所得額	万円	491	454	415
年間労働時間	時間	2,136	2,604	2,592

出所：国土交通省資料より作成

このことから、ドライバー不足は一過性ではなく、今後も続くと考えられます。日本国内においては、トラック輸送が重量ベースで 90％を超えており、輸配送が思いどおりにいかない時代の到来が危惧されます。

◆ 電子商取引（EC）の伸長

経済産業省の資料によると、2018 年の日本国内の消費者向け電子商取引（B to C）の市場規模は 18.0 兆円（前年比 9.0％増）、企業間電子商取引（B to B）の市場規模は 344.2 兆円（前年比 8.1％増）と拡大しています。さらに、近年は個人間 EC（C to C）が急速に拡大し、フリーマーケットアプリケーション（フリマアプリ）での市場規模は 6,392 億円（前年比 32.2％増）と急増してします。

また、国をまたぐ越境 EC では、中国消費者が日本事業者から購入する規模は 1 兆 5,345 億円（前年比 18.2％増）と巨大な市場を形成しています（図表 7-3）。

EC の商品は宅配便で配送されていますが、国土交通省の資料によると、2018 年度の宅配便取扱個数は 43 億 701 万個（前年比 1.3％増）となっています。宅配便は不在などによる再配達が 16％程度あり、配送の生産性を低下させる問題となっています。

そこでそれらを改善する方策としては、時間帯指定の活用、各事業者が提供しているコミュニケーション・ツール（メール・アプリ）などの活用、コンビニエンスストアでの受取りや駅の宅配ロッカーの活用が推奨されています。また、利用者があらかじめ指定する場所（玄関先など）

図表 7-3　電子商取引（EC）の市場規模

		市場規模（兆円）	対前年増減（%）
国内	B to C	18.0	9.0
	B to B	344.2	8.1
	C to C	0.6	32.2
越境（日本→中国）		1.5	18.2

出所：国土交通省資料より作成

に非対面で配達するいわゆる「置き配」も検討されています。

このように、ECの増加と宅配便の生産性向上を阻害する環境は、ドライバー不足に大きな影響を与えています。

◆ 働き方改革

2018年7月、「働き方改革を推進するための関係法律の整備に関する法律」が公布されました。いわゆる「働き方改革」です（図表7-4）。

働き方改革では、生産性向上とともに、就業機会の拡大や意欲・能力を存分に発揮できる環境をつくるために、時間外労働の上限規制が柱の1つとなっています。自動車運転の業務は、2024年4月から特別条項付き36協定を締結する場合の年間時間外労働の上限が年960時間となります。2019年4月からスタートした他の職種に比べると5年の猶予期間（それまでは現行制度適用）がありますが、その間に対策を講じなければ、さらに人手不足（ドライバー不足）が加速することになります。

図表7-4　働き方改革

ポイント1
労働時間法制の見直し
働き過ぎを防ぐことで、働く方々の健康を守り、多様な「ワーク・ライフバランス」を実現できるようにする

ポイント2
雇用形態に関わらない公正待遇の確保
同一企業内における正社員と非規社員の間にある不合理な待遇の差をなくし、どのような雇用形態を選択しても「納得」できるようにする

労働基準法の原則
●1日8時間・1週間40時間
●36協定を結んだ場合、協定で定めた時間まで時間外労働可能（月45時間かつ年360時間、自動車運転業務は除外）

→

自動車の運転業務の取扱い
●施行後5年間（2024年3月末まで）
・現行制度を適用
・改善基準告示により指導、違反があれば処分
●2024年4月以降の36の協定の限度
・年960時間（月平均80時間）
・将来的には、一般則の適用を目指す

出所：厚生労働省資料より作成

◆ 人手不足に対する省庁の対応

人手不足が叫ばれる中、各省庁もさまざまな施策を推進しています。

2015年5月に国土交通省と厚生労働省から発表された「トラックドライバーの人材確保・育成に向けて」によると、両省が連携して「魅力ある職場づくり」と「人材確保・育成」の施策を実施するとされています。

また、2018年5月には、自動車運送事業の働き方改革に関する関係省庁連絡会議で「自動車運送事業の働き方改革の実現に向けた政府行動計画」が決定されています。この中では、長時間労働是正の環境整備として、労働生産性の向上、多様な人材の確保・育成、取引環境の適正化があげられ、長時間労働是正のためのインセンティブ・抑止力の強化も取り上げられています。

さらに、国土交通省・経済産業省・農林水産省は、ドライバー不足への施策として「ホワイト物流」推進運動を進めています。これは、ドライバー不足の環境下で安定的な物流を実現するために、「トラック輸送の生産性の向上・物流の効率化」「女性や60代以上の運転者なども働きやすい労働環境の実現」に取り組む運動です（図表7-5）。

図表7-5　ホワイト物流

「ホワイト物流」推進運動とは
- 深刻化が続くトラック運転者不足に対応し、国民生活や産業活動に必要な物流を安定的に確保するとともに、経済の成長に寄与することを目的とし、
  - トラック輸送の生産性の向上・物流の効率化
  - 女性や60代以上の運転者等も働きやすい、より「ホワイト」な労働環境の実現

  に取り組む運動
- 企業は、取組方針、法令遵守への配慮、契約内容の明確化・遵守、運送内容の見直しなどを内容とする自主行動宣言の提出・公表・実施を通じて、運動に参加することが可能

出所：国土交通省資料より作成

この運動の推進にあたっては、物流量や従業員数が多いと考えられる企業の代表者に文書を送付して参加の要請を行い、賛同する企業は「自主行動宣言」を提出します。賛同企業名などが公表され、各企業の経営層主導による具体的な取組みが期待されています。

このように、各省庁がさまざまな施策を推進して、人手不足への対応を推進しています。

2» 企業評価の見方が変わることへの対応

◆ グリーンロジスティクス

現在は環境問題が深刻化し、地球規模での対策が急務となってきています。1997年の「京都議定書」に続き、2015年に「パリ協定」が合意され、2016年11月に発効されました。日本では1993年に「環境基本法」が施行されていますが、世界的な目標に向かって施策を実行し、成果を上げていくことが求められています。

環境省の資料によると、2017年度の日本の温室効果ガスの総排出量は12億9,200万トンで、前年度の総排出量（13億800万トン）と比べて1.2%（1,600万トン）減少しています。そのうち運輸部門は2億500万トンを占め、エネルギー転換部門（製油所、発電所など）、産業部門（工場など）に次いで多く、重要な位置づけであることがわかります（図表7-6）。

ロジスティクスは、化石燃料をトラックなどで使用したり、プラスチック製品などとして利用したりすることから、CO_2排出による地球温暖化、資源枯渇の問題と密接に関係しています。また、段ボールの利用による木材資源の枯渇などにも関係しています。

これらの問題への対策として、地球温暖化ではエコドライブの推進、低公害車の導入、モーダルシフトの推進、共同化の推進などがあります。また、資源枯渇では、3R呼ばれる廃棄物削減（Reduce：リデュース）、

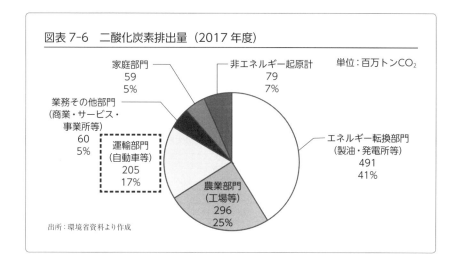

図表 7-6　二酸化炭素排出量（2017 年度）

単位：百万トンCO₂

家庭部門
59
5%

非エネルギー起原計
79
7%

業務その他部門
（商業・サービス・
事業所等）
60
5%

運輸部門
（自動車等）
205
17%

エネルギー転換部門
（製油・発電所等）
491
41%

農業部門
（工場等）
296
25%

出所：環境省資料より作成

再利用（Reuse：リユース）、再利用（Recycle：リサイクル）などへの取組みがあります。

　国土交通省は、モーダルシフト等推進事業、グリーン物流パートナーシップ会議などの各種施策積極的に取り組んでいます。グリーン物流パートナーシップ会議は、物流分野の CO_2 排出削減に向けた自主的な取組みの拡大に向けて、業種業態の域を超えて互いに協働していこうとする目的から、国土交通省をはじめ経済産業省や多くの団体により発足しています。ここには、3000 を超える企業・団体・個人が会員として登録しており、環境に対する注目度の高さがわかります。

　また、一般社団法人日本物流団体連合会では、2000 年から物流部門における環境保全の推進や環境意識の高揚などを図り、物流の健全な発展に貢献された団体・企業または個人を表彰する「物流環境大賞」を創設しています。

　このように、現在は環境に配慮したロジスティクスが求められる時代となっています。

◆ 事業継続計画（BCP）

　中小企業庁の資料によると、事業継続計画（BCP：Business Continuity

Plan）は、「企業が自然災害、大火災、テロ攻撃等の緊急事態に遭遇した場合において、事業資産の損害を最小限にとどめつつ、中核となる事業の継続あるいは早期復旧を可能とするために、平常時に行うべき活動や緊急時における事業継続のための方法、手段等」と定義づけられています。

　サプライチェーンが効率的に進化するほど、そのどこか一部が災害などで機能停止すると、その影響はサプライチェーン全体に及びます。たとえば、少ない在庫で運用している場合には、機能の停止が長期にわたると在庫が枯渇し、サプライチェーン全体の活動が停止してしまいます。

　こうしたリスクには、サプライチェーンリスクだけでなく、台風、地震、洪水などの自然災害、火災、交通事故などの経営リスク、戦争、通商問題、景気変動、為替変動などの政治・経済・社会リスクなどもあります。これらのリスクを管理し、事業継続が不可能な状況を避け、人的、財務的な損失を最小限にとどめる経営が求められています。たとえ売上・利益が拡大していても、いったん大きな事故・災害が起きてしまうと、企業の存続ができなくなるからです。

　災害が起こった場合でも、事業を速やかに復旧するためのBCPの作成と体制づくりが求められています（図表7-7）。これまでは効率性や経済性の追求が中心でしたが、さらにリスクに備えることも求められています。

◆ 持続可能な開発目標（SDGs）

　持続可能な開発目標とは、2015年9月に国連本部で開催された「国連持続可能な開発サミット」において、193の加盟国の全会一致で「持続可能な開発のための2030アジェンダ」が採択され、SDGs（Sustainable Development Goals）が掲げられました。SDGsは、持続可能な社会をつくることを目指し、世界が抱える問題を17の目標と169のターゲットに整理したものです（図表7-8）。

　先進国は人口が減少傾向にありますが、国連の統計によると、世界全体では今後30年間で人口が20億人増えるとされています。こうした環

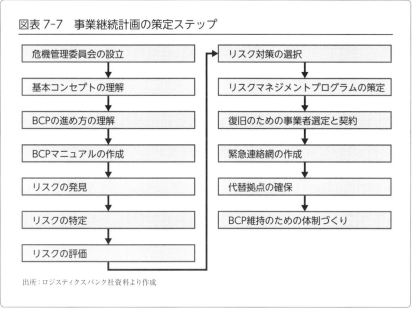

図表 7-7　事業継続計画の策定ステップ

```
危機管理委員会の設立          リスク対策の選択
       ↓                    ↓
基本コンセプトの理解          リスクマネジメントプログラムの策定
       ↓                    ↓
BCPの進め方の理解            復旧のための事業者選定と契約
       ↓                    ↓
BCPマニュアルの作成          緊急連絡網の作成
       ↓                    ↓
リスクの発見                 代替拠点の確保
       ↓                    ↓
リスクの特定                 BCP維持のための体制づくり
       ↓
リスクの評価
```

出所：ロジスティクスバンク社資料より作成

図表 7-8　SDGs

出所：外務省資料

境を鑑みて持続可能な社会をつくることが求められています。

　また、ESG への取組みにも注目が集まっています。ESG とは、環境

（Environment）、社会（Social）、ガバナンス（Governance）の頭文字を取ったもので、企業の長期的な成長のためには、ESG が示す 3 つの観点が必要だと考えられています。

　SDGs や ESG への取組みは、「社会課題を解決する新規事業の創出」「活動内容開示による社会的な高評価」「人材確保」などにつながります。従来、社会貢献は経済活動に比べるとコストがかかるものとされ、付加的な面がありましたが、環境課題や社会課題の解決を通して収益を上げる、環境課題や社会課題に配慮しないと収益を上げられない、そのような時代が到来しています。

　つまり SDGs や ESG への取組みなどの社会性によって企業が評価される時代に変化しているということです。

3 ＞＞強い物流への対応

◆ 総合物流施策大綱（2017〜2020年度）

　2017 年 7 月、政府における物流施策や物流行政の指針を示し、関係省庁が連携して総合的・一体的な物流施策の推進を図る総合物流施策大綱（2017 〜 2020 年度）が閣議決定されました。

　この中では、これからの物流に対する新しいニーズに応え、わが国の経済成長と国民生活を持続的に支える「強い物流」を実現していくために、6 つの視点からの取組みを推進するとされています。6 つの視点のキーワードは、

①繋がる

②見える

③支える

④備える

⑤革命的に変化する

⑥育てる

図表 7-9　総合物流施策大綱の 6 つの視点

キーワード	6つの視点
①繋がる	サプライチェーン全体の効率化・価値創造に資するとともに、それ自体が高い付加価値を生み出す物流への変革─競争から共創へ─
②見える	物流の透明化・効率化とそれを通じた働き方改革の実現
③支える	ストック効果発現などのインフラの機能強化による効率的な物流の実現 ─ハードインフラ・ソフトインフラ一体となった社会インフラとしての機能向上─
④備える	災害などのリスク・地球環境問題に対応するサステイナブルな物流の構築
⑤革命的に変化する	新技術（IoT、ビックデータ、AI など）の活用による「物流革命」 物流分野での新技術を活用した新規産業の創出
⑥育てる	人材の確保・育成 物流への理解を深めるための国民への啓発活動など

出所：国土交通省資料より作成

となっており、物流の生産性向上に向けた取組みを推進するとされています（図表 7-9）。

「① 繋がる」ではサプライチェーン全体での効率化や付加価値の向上、「② 見える」は物流の透明化・効率化とそれを通じた働き方改革の実現、「③ 支える」は社会インフラストラクチャの強化、「④ 備える」は災害への備え、「⑤ 革命的に変化する」は新技術導入、「⑥ 育てる」は物流人材についての内容となっています。

ロジスティクスや物流ではどの項目も重要で、さまざまな検討に役立ちます。目指すは「強い物流」の実現です。

◆ Society5.0

2016 年 1 月に閣議決定された「第 5 期科学技術基本計画」において、目指すべき未来社会の姿として「Society5.0」が提唱されています。内閣府の資料によると「Society5.0 とは、サイバー空間（仮想空間）とフィジカル空間（現実空間）を高度に融合させたシステムにより、経済発展と社会的課題の解決を両立する人間中心の社会（Society）、狩猟社会

（Society1.0）、農耕社会（Society2.0）、工業社会（Society3.0）、情報社会（Society4.0）に続く、新たな社会を指すもの」とされています。

Society5.0 は、人とモノがつながり、情報が共有化され、それらが分析され、必要な情報が提供されるような社会の実現です。そのために使われる技術が、人とモノのつながりでは IoT（Internet of Things）、分析では人工知能（AI：Artificial Intelligence）です。

2018 年 10 月に一般社団法人経済団体連合会は、「Society5.0 時代の物流—先端技術による変革とさらなる国際化への挑戦—」を発表しています。この中では、物流は、Society5.0 が標榜する革新技術との親和性が高いこと、データ利活用による変革がもっとも期待される産業の 1 つで、重要な社会インフラストラクチャであるとしています。

物流の効率化・高度化に向けては、業務の見直しと新技術の活用を通して、変化していくことが必要としています。そのキーワードとして「つながる物流」「共同する物流」「人手を解放する物流」「創造する物流」「社会に貢献する物流」があげられています。これによって、2030 年の物流業の姿として、「労働環境の改善を通じた魅力ある産業への転換」「物

図表 7-10　Society5.0 時代の物流

物流の変革		2030年の物流業
つながる物流	RFIDなどのIoT技術による物流の可視化、リアルタイムでの情報共有によるサプライチェーン全体の調整・最適化	労働環境の改善を通じた魅力ある産業への転換 物流業の大規模装置産業への変貌 シームレスなグローバル・サプライチェーンの構築
共同する物流	荷主の輸送ニーズと物流事業者のリソースのマッチング、パレット・コンテナ・通い箱の共有化・共同利用	
人手を解放する物流	自動走行車・自動運航船・ロボットなどによる物流の省人化・省力化	
創造する物流	顧客の潜在的ニーズの発掘や生産・販売との連携による新たな価値の創出	
社会に貢献する物流	次世代自動車（EV：電気自動車・ECV：燃料電池自動車など）・LNG燃料船による環境負荷の低減、IoT・ドローンなどによる災害情報の迅速な把握	

出所：一般社団法人日本経済団体連合会資料より作成

流業の大規模装置産業への変貌」「シームレスなグローバルサプライ
チェーンの構築」が期待されています（図表7-10）。

　今後の物流に求められるのは「物流ネットワークの持続可能性の確保」
と「国内外における競争力強化」とされており、総合物流施策大綱と同
様に「強い物流」がキーワードとなっています。

◆ 先端技術

　「強い物流」のために活用できる先端技術が登場し、進化し続けてい
ます。いつも情報へのアンテナを張り、どのように活用できるかについ
て考える必要があります。

① IoT

　IoT（Internet of Things）とは、モノのインターネットの略称です。
身の周りにあるモノにセンサーが組み込まれて直接インターネットにつ
ながり、モノ同士、あるいはモノとヒトが相互に通信できるようになり
ます。それにより、ネットワーク経由でモノの状態を遠隔でモニタニン
グしたり、制御できたりするほか、モノから送られてくる膨大なデータ
を解析することにより、新商品や効率的なしくみが誕生することが期待
されています。

　物流では、RFID（Radio Frequency IDentification）を利用して、さ
まざまな業務を効率化しているなどの例があります。RFIDとは、近距
離無線通信を用いた自動認識技術のことです。たとえば、アパレルの商
品は、色やサイズが多岐にわたり、商品管理の単位数が多いことが特徴
です。RFIDを付けることで、商品の確認などをすべて瞬時に機械的に
行うことができます。また、店舗ではどの商品を顧客が手に取ったかな
どがわかったり、会計時間が短縮されたりします。

②ビックデータ

　ビックデータ（Big data）とは、IoTで収集されたり、情報処理の高
速化により取り扱われたりする大量のデジタルデータのことです。今ま
では取り扱うことが難しかったデータも、廉価で高速な機器や技術が登
場し、新たな市場の創出が期待されています。

これらのデータを役立てるため、データサイエンスが注目されています。データサイエンスとは、大量のデータから有益な知見を導き出すことです。

③ AI

人工知能（AI：Artificial Intelligence）については、明確な定義は存在しないとされていますが、人工知能学会の資料によると「大量の知識データに対して、高度な推論を的確に行うことを目指したもの」とされています。

これまでは、人間が用意したルールや考え方、知恵を利用して判断していくものでしたが、現在は「深層学習（ディープラーニング、Deep Learning）」に注目が集まっています。ディープラーニングとは、人間の力なしに機械が自動的にデータから特徴を抽出したり、判断したりする点が従来とは異なります。2015年10月、囲碁AIのAlphaGo（アルファ碁）が棋士・互先に勝利しましたが、ここでもディープラーニングの技術が使われているとされています。

物流では、多品種の商品を瞬時に判別したり、最適な人員配置をしたりとさまざまな活用が期待されます。

IoT、ビッグデータ、AIの関係は、従来からあるデータに加え、IoT機器によって収集されたデータをもとにビッグデータを整備し、このデータからルールや知恵を分析するためにAIが使われるという関係性があります。

④ クラウド化

クラウドとは、ネットワーク経由でサービスを利用する情報システムの形態のことです。これまで自社に設置して利用していたサーバーなどのシステムを、自社の所有や管理から切り離し、ネットワーク経由でサービスとして利用するシステム形態です。必要なときに必要なだけ利用でき、高いセキュリティの実現も期待できます。

⑤ RPA

RPA（Robotic Process Automation）とは、今まで人手で行っていた事務作業をソフトウェアが代行してくれるシステムのことです。

複数のアプリケーションを連携して操作する作業や、表示した画面の内容を確認して入力する作業などへの利用ができ、定型業務やワークフローが定まっていて、手順書に基づいて処理されている事務作業などを自動化するのに向いています。

RPAは標準化されているルールどおりに処理します。一方、AIには学習能力があり、蓄積されたデータを分析し判断する機能があるという点が大きく異なります。

⑥自動運転

自動車業界は「CASE」に注目が集まっています。CASEとは、Connected・Autonomous・Shared & Services・Electric（コネクテッド・自動運転・シェアリング・電動化）の頭文字をとった用語で、2016年にメルセデス・ベンツ（ダイムラー社）が発表した造語です。自動車業界にとっては、大きな変革であることを意味しており、対応が急がれています。

自動運転は、完全運転自動化を目指して技術開発がされていますが、そこに至る技術的なレベル分けがされています。そのレベルは、アメリカのSAE International（Society of Automotive Engineers）の定義が一般的で、現状を含めて6つのレベルに分けられています。レベル1は運転支援、レベル2は部分運転自動化、レベル3は条件付き運転自動化で、ここまではドライバーが責任を持つレベルです。レベル4は高度運転自動化、レベル5は完全運転自動化でシステムが責任を持つものです。自動運転車の普及は、交通事故の減少、渋滞の解消や緩和などが期待されています。（図表7-11）

物流面で実用化を目指しているものが隊列走行です。2018年1月には、新東名高速道などで隊列走行の実証実験がスタートしました。隊列走行とは、自動で車間距離を保って走行する技術を活用して、複数のトラックが隊列を組んで走行することです。

この走行を可能にしたのは、通信技術の高速化や先進の安全技術の進歩です。先頭車には後続車両の状況が画像や情報で確認できる技術が、後続車には先行車をトラッキングして車間を一定に保つ技術などが搭載

図表7-11　自動運転のレベル

レベル	名称	安全運転に関わる監視、対応主体
0	運転自動化なし	運転者
1	運転支援	運転者
2	部分運転自動化	運転者
3	条件付運転自動化	システム（作動継続が困難な場合は運転者）
4	高度運転自動化	システム
5	完全運転自動化	システム

出所：厚生労働省資料より作成

され、それらの情報が高速にやり取りされて走行を可能とする仕組みです。有人車両は先頭車だけという仕組みが実現すると、拠点間の輸送などでは少ない人員で大量の物量を輸送できるようになり、ドライバー不足対策に大きく寄与すると思われます。

　また、ラストワンマイルの配送においても、自動運転の車両や配送ロボットなどの開発が進んでいます。

⑦マテリアル・ハンドリング機器（マテハン機器）／ロボット

　これまで物流のマテハン機器といえば、フォークリフトなどが一般的でしたが、技術の進展とともにさまざまな機器が登場しています。そのねらいは、生産性向上や作業者の負荷軽減などです。

　生産性向上では、荷役生産性、保管生産性の向上をねらいとする機器が登場しています。

　荷役生産性の向上では、作業者の正味作業時間を増やすために、移動時間を減らすように考えた機器などがあげられます。移動しながらピッキングしていた作業を、作業者は移動せず必要な商品が移動してくるという考え方です。こうした機器としては、自動倉庫のスタッカークレーンの代わりに、高速で動く多くのシャトルがケースの入出庫や保管、並び替えを行い、商品が作業者に運ばれてくるもの、棚がそのまま作業者まで移動してくるものなどがあります。

　また、棚が移動してくる以外にも、運搬作業工数を削減するために、無人搬送車（AGV：Automatic Guided Vehicle）や無人フォークリフ

トなどがあります。

　保管生産性の向上では、コンテナなどに商品を格納し、通路を取らずにそのコンテナを段積みして保管することで保管効率の向上を実現するなどの仕組みです。この段積みされたコンテナは、上部から入出庫や並べ替えをする仕組みとなっています。

　作業者の負荷軽減では、ピッキングロボットやバンニング／デバンニングを行う機器、ピッキング作業者の搬送を補助するAMR（Autonomous Mobile Robot）と呼ばれる自律移動をするロボット、商品を持ち上げる作業を補助するスーツなどがあります。

⑧ウェアラブル端末

　一般消費者が利用するウェアラブル端末は実にさまざまですが、物流ではスマートグラスと音声システムなどがあげられます。

　スマートグラスは、伝票やマニュアルの情報を映すだけでなく、AR技術を活用してピッキング場所を示すなど作業指示に活用するものもあります。

　AR（Augmented Reality）は拡張現実と呼ばれ、実際に見えている現実にバーチャルな視覚情報を見せる技術です。これに対してVR（Virtual Reality）は仮想現実と言われ、ディスプレイなどに仮想の世界が映し出されて、あたかもその場に自分がいるかのように見せる技術です。物流では、安全や作業内容の体験型研修などに活用されています。

　音声システムは、作業者と音声システムが2人一組で業務を行うような形になります。作業の未経験者でも最初から高いレベルの生産性を期待できるので効率的ですが、導入のためにはシステム投資が必要で、ある程度の作業規模が必要です。また、導入する業務は急速に生産性が上がるため、前後の業務とのバランスを考慮して、全体の生産性向上につなげる必要があります。

⑨5G

　5Gとは「5th Generation」の略称で、「第5世代移動通信システム」のことです。その特徴は、「超高速」「超低遅延」「多数同時接続」です。

　通信速度は、これまでの4Gに比べて100倍といわれています。従来

は通信によるタイムラグが発生したような場面でも遅延は極めて低くなり、これまでの10倍程度までリアルタイム処理が可能となります。また、同時に接続できる機器数が100倍程度に増えるなど、IoT時代にはとても有効な技術です。

この技術は日々の暮らしを大きく変えていきますが、物流でも多くのことが可能となります。たとえば、トラックの隊列走行では、トラックと基地局、トラック間のデータ通信の遅延がなくなり、走行時に起こるさまざまな変化にリアルタイムで対応できるようになります。また、物流センターでは、作業者の動態だけでなく作業状況や健康状態の把握も可能となったり、ARを使った作業者への指示も高速で行えるようになったりして、生産性の向上が期待できます。さらに、物流センターの建屋をドローンで点検するなども容易となります。

ここで紹介するのはほんの一例であり、その他の先端技術と組み合わせることで、さらにさまざまな活用方法が誕生することが期待されます。

4 ›› 課題解決のために

ロジスティクスが抱える課題としては「人手不足への対応」「企業評価の見方が変わることへの対応」「強い物流への対応」が考えられますが、これらの課題への対応が求められています。

課題の解決に必要なのが、従来と異なる発想をもとに新たなものを創造していく、いわゆる「イノベーション（Innovation）」です。

たとえば、コンサルティング会社のローランド・ベルガー社がロジスティクスにおけるイノベーションの変遷を「ロジスティクス4.0」としてまとめています。このロジスティクス4.0では、IoT、AI、ロボティクスなどの次世代テクノロジーの進化と利用用途の拡大がロジスティクスの根幹を変えて、省人化と標準化が進み、物流の装置産業化が進むとされています（図表7-12）。

また、時代の流れや技術革新のスピードが早い現在は、現状の延長線

図表7-12　Logistics4.0

Logistics1.0 （20世紀〜）	輸送の 機械化	・トラックや鉄道による陸上輸送の高速化・大容量化 ・汽船／機船の普及による海上輸送の拡大
Logistics2.0 （1950-60年代〜）	荷役の 自動化	・フォークリフトの普及、自動倉庫の実用化 ・海上輸送のコンテナ化による海陸一貫輸送の実現
Logistics3.0 （1980-90年代〜）	管理・処理の システム化	・WMSやTMSといった物流管理システムの導入・活用 ・NACCSなどによる各種手続処理の電子化
Logistics 4.0 （現代〜）	物流の 装置産業化	・倉庫ロボットや自動運転などの普及による省人化 ・サプライチェーン全体で物流機能がつながることでの標準化

出所：「ロジスティクス4.0　−物流の創造的革新」（小野塚征志、日本経済新聞出版社）

上で将来を考えるだけでなく、将来をもとに今後何をすべきかを考えることも必要です。言い換えるとフォーキャストだけではなく、バックキャストもすることです。

　将来の予測は難しいものですが、バックキャストするときは、まず現在の環境などから「ありたい姿」をイメージします。次に、そこから少し現在に引き戻した途中の姿を考え、現状の延長線上の姿とのギャップをとらえます。そしてそのギャップをどのように埋めていくのかをいろいろな角度から発想していきます。たとえば2030年はこの技術が進化し、これができるようになるので、今のうちにこちらの方向に進んでいこうといったイメージです。そのためには、社会環境や技術革新の将来に向けての洞察だけでなく、ニーズの高まりや将来の取り巻く環境や制約をもとにした姿を推察することも必要です。

　現在は、時代の流れが早いからこそ、技術革新が急速に進んでいるからこそ、将来に向けていろいろと考えられる時代です。逆に言えば、ロジスティクスは、将来が楽しみな時代にあるということです。

索 引

■参考文献

『ビジネス・キャリア標準テキスト「ロジスティクス管理3級」』
(苦瀬博仁・梶田ひかる 社会保険研究所)

『ビジネス・キャリア標準テキスト「ロジスティクス管理2級」』
(苦瀬博仁・梶田ひかる 社会保険研究所)

『ビジネス・キャリア標準テキスト「ロジスティクス・オペレーション3級」』
(苦瀬博仁・坂直登 社会保険研究所)

『ビジネス・キャリア標準テキスト「ロジスティクス・オペレーション2級」』
(苦瀬博仁・坂直登 社会保険研究所)

『間違いだらけの物流業務委託』
(中谷祐治 日刊工業新聞社)

『図解でわかる 物流の基本としくみ』
(ロジ・ソリューション出版プロジェクト アニモ出版)

ロジ・ソリューションWEBサイト

【著者プロフィール】

中谷 祐治（なかたに・ゆうじ）

センコー株式会社にて、物流に関する各種コンサルティング、大手商社食品部門との共同プロジェクト、サードパーティロジスティクス事業化企画、国内／海外事業の改善などを担当。その後、コンサルティング系サードパーティロジスティクス会社、商社系物流子会社を経て、現在はロジ・ソリューション株式会社・常務取締役・戦略コンサル事業部長として、幅広い業種の国内外の物流を中心とした改革／改善の支援を担当。
公益社団法人日本ロジスティクスシステム協会 各種資格認定講座の講師を担当。著書は『間違いだらけの物流業務委託（パートナー選択・運用で失敗しないための鉄則）』（日刊工業新聞社）などがある。

基本がわかる　実践できる
物流(ロジスティクス)の基本教科書

2020年4月10日　初版第1刷発行

著　者 —— 中谷　祐治
　　　　　　 ©2020 Yuji Nakatani
発行者 —— 張 士洛
発行所 —— 日本能率協会マネジメントセンター

〒103-6009 東京都中央区日本橋2-7-1　東京日本橋タワー
TEL 03(6362)4339（編集）／03(6362)4558（販売）
FAX 03(3272)8128（編集）／03(3272)8127（販売）
http://www.jmam.co.jp/

装　　丁 ——— 冨澤 崇（EBranch）
本文DTP ——— 株式会社森の印刷屋
印　　刷 ——— シナノ書籍印刷株式会社
製　　本 ——— 株式会社新寿堂

ISBN978-4-8207-2782-8 C3034
落丁・乱丁はおとりかえします。
PRINTED IN JAPAN

 **関連書籍のご案内**

日本能率協会マネジメントセンター